LES JUIFS

de Paris au Dix-Huitième Siècle

d'après

LES ARCHIVES DE LA LIEUTENANCE GÉNÉRALE

DE POLICE A LA BASTILLE

par

Léon KAHN

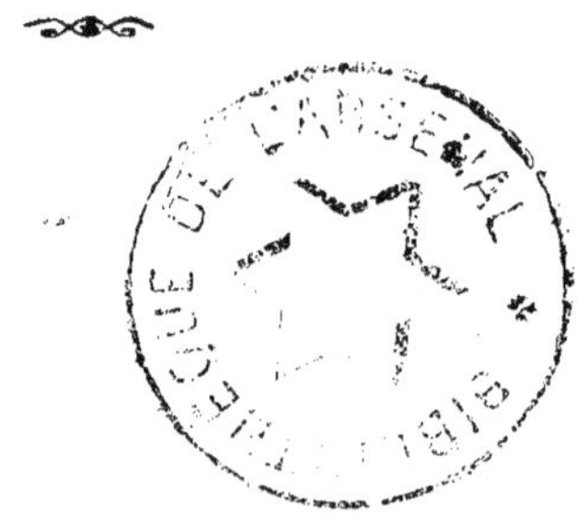

PARIS

A. DURLACHER, Libraire-Éditeur

83 *bis*, RUE LAFAYETTE, 83 *bis*

1894

AVANT-PROPOS

Les Archives de la Lieutenance générale de Police
de Paris, déposées à la Bibliothèque de l'Arsenal,
renferment plus de cent cinquante dossiers relatifs
aux Juifs de Paris pendant le Dix-huitième siècle (1).
Ce sont ces dossiers que nous avons analysés et
groupés pour établir la situation des Juifs à Paris à
cette époque. Les dossiers ne visent pas, comme on
pourrait le croire, des délits ou des crimes commis
par les Juifs; ils se rapportent à tous les incidents
de leur existence dans la capitale. Tolérés à peine
dans la ville, ils étaient en effet soumis à la surveillance d'un bureau de la police, au même titre que les
étrangers; ils relevaient directement d'un inspecteur
spécial, étaient placés sous son autorité immédiate
et lui devaient un compte minutieux de leurs
moindres actes. Telle est la raison pour laquelle un
si grand nombre de dossiers les concernant figurent

---

(1) Les Archives de la lieutenance générale de police ont été
classées avec une méthode sûre et un ordre remarquable par
M. Frantz Funck-Brentano, bibliothécaire à l'Arsenal. Elles
sont appelées, grâce à lui, à rendre au public lettré et cher-
cheur les plus signalés services. C'est à sa connaissance appro-
fondie des choses de la Bastille, à son concours toujours très
affable, que nous devons de pouvoir dès maintenant présenter
cette étude au lecteur. Nous sommes heureux de lui en expri-
mer ici notre plus vive gratitude.

dans les papiers de police, à côté des affaires de divers ordres qui rentraient dans les attributions habituelles de la Lieutenance générale.

Bien qu'en réalité on ne puisse faire de l'Histoire uniquement avec des documents de police, dont la sincérité est suspecte, dont les conclusions à tout le moins sont généralement erronées et partiales, on ne saurait les dédaigner quand ils embrassent dans les moindres détails la vie et les mœurs d'une catégorie d'individus placée tout entière sous la main de la police. « Il n'y a rien de petit, a dit Michelet, pour qui cherche et veut comprendre. »

D'ailleurs, bien limité est le nombre des Juifs qui ont pu résider à Paris à cette époque sans que leurs noms aient été mêlés de façon quelconque à des incidents de police ou mentionnés dans les états qui furent dressés régulièrement de 1755 à 1760 par l'un des inspecteurs chargés de les surveiller. Est-ce à dire pour cela qu'ils étaient tous des gens sans aveu ? Il suffira, pour se persuader du contraire, de parcourir notre esquisse des *Juifs de Paris sous Louis XV* (1), où nous avons donné une vue d'ensemble des Juifs groupés dans la ville à cette époque. Des noms irréprochables y figurent : ce sont entre autres ceux de Salomon Benjamin, placé par les Fermiers généraux à la tête de la Manufacture des Tabacs ; d'Israël Bernard de Valbrègue, interprète à la Bibliothèque du roi ; de Michel Goudchaux, syndic général des Juifs de Lorraine ; de David Pereire et de Jacob-Rodrigues, son frère, l'instituteur des Sourds-Muets ; de Moïse Blien, Syndic général des Juifs d'Alsace, qui se distingua par sa généreuse philanthropie pendant les disettes de 1744 et de 1748 (2).

Certes, d'autres Juifs d'importance habitaient

---

(1) *Les Juifs de Paris sous Louis XV* (Paris, 1892).
(2) Carmoly, *Revue Orientale*. Tome 2, p. 251 (Bruxelles, 1842).

Paris et ne figurent pas dans les cartons de la police : Silva, par exemple, qui obtint en 1724 la place de médecin consultant du roi, et dont Voltaire dit le plus grand bien dans son *Siècle de Louis XIV* (1); Fonseca, qui fut également un médecin célèbre et dont Voltaire fit aussi l'éloge dans son *Histoire de Charles XII* (2); Isaac Pinto, l'écrivain distingué (3), qui résida à plusieurs reprises à Paris et qui, par la dignité de son caractère comme par l'intégrité de ses mœurs, y acquit une grande considération.

Mais ces Juifs étaient placés dans une situation presque privilégiée et, sauf Bernard de Valabrègue, Jacob Péreire et Moïse Blien, dont les rapports avec leurs « Synagogues » étaient constants, ceux que nous venons de citer ne se mêlaient pas activement à la vie des Juifs à cette époque.

C'est cette existence que nous avons cherché à fixer ici.

Partout en France elle était troublée, sauf en Guyenne où la condition des Juifs espagnols et portugais était particulièrement favorable. En Alsace, en Lorraine, au Nord et dans le Centre, comme à Paris, les autres Juifs faisaient les plus grands efforts pour sortir de l'état d'avilissement dans lequel ils étaient plongés ; mais partout ils se heurtaient à des difficultés presque insurmontables. Les préjugés semblaient invincibles. Cependant quelques Juifs, par leur intelligence supérieure, par une fortune inespérée, furent assez heureux pour en avoir raison. Tels, outre ceux que nous avons dits tout à l'heure, Astruc, médecin de la Faculté de Paris, Liefmann Calmer, Vidame d'Amiens, Baron de Picquigny, Salomon Perpignan, l'un des fondateurs de

---

(1) Ibid. *Les Médecins Juifs* (*Revue Orientale*. Bruxelles, 1842).

(2) Ibid.

(3) Il est l'auteur d'un *Essai sur le luxe* et d'une *Apologie pour la nation Juive* (Voy. *Les Juifs à Paris*. Paris 1889).

l'Ecole Royale gratuite de dessin, Sara Allegri, qui obtint des lettres de Naturalité en 1772. Mais c'était là le petit nombre, une véritab'e exception, et l'immense majorité continuait à végéter, en butte à toutes les tracasseries, à toutes les vexations.

C'est la vie de ces malheureux que nous racontons, d'après les dossiers de la police, les rapports et les notes des exempts. Toutes ces pièces vont nous permettre de reconstituer la vie des Juifs à Paris depuis les premières années du dix-huitième siècle jusqu'aux approches de la Révolution, de connaître les souffrances qu'ils ont endurées, les obstacles qu'ils eurent à vaincre, leurs mœurs, leurs professions, leur condition morale, religieuse et sociale. Elles jetteront en même temps un jour curieux sur ce siècle « où nul ne peut pour le bien, tous pour le mal »; où enfin la société s'abandonna à toutes les corruptions jusqu'au moment où la Révolution vint relever le niveau moral si étrangement abaissé.

LES JUIFS DE PARIS

Au XVIIIe Siècle

d'après les Archives de la Lieutenance générale
de Police à la Bastille.

CHAPITRE PREMIER

RÈGLEMENTS ET ORDONNANCES CONTRE LES JUIFS. LIEUTENANTS GÉNÉRAUX DE POLICE

Les Juifs de Metz furent des premiers à fréquenter
Paris. Forts sans doute des privilèges que des lettres-
patentes très anciennes leur avaient octroyés dans
le pays messin, désireux aussi de sortir du quartier
trop étroit qui leur était spécialement affecté et où ils
ne devaient résider qu'en nombre limité, ils crurent
pouvoir sans entrave fixer leur établissement dans la
capitale. Pendant les premières années, il est vrai, ils
ne furent l'objet d'aucune vexation. Assimilés pour la
surveillance de police aux résidents étrangers, ils
vivaient sous la direction morale de trois ou quatre
d'entre eux que l'on désignait communément sous le
nom de « principaux chefs de la Synagogue de
Metz ».

Mais, en 1719, la police s'inquiéta de l'arrivée de
quelques Juifs qui, profitant des facilités laissées à
leurs coreligionnaires déjà établis, n'avaient pas cru

nécessaire de se munir de permission de séjour ou de passeport. C'était là une obligation fort ancienne à laquelle, depuis leur création, les lieutenants généraux de police avaient toujours tenu fermement la main et ils n'entendaient pas qu'aucun Juif ou étranger pût s'y soustraire.

Deux exempts furent donc chargés de s'assurer de ceux qui avaient négligé de se mettre en règle et, pour réprimer leurs velléités d' « indépendance », les mirent au Fort l'Evêque d'où les « délinquants » ne sortirent que pour être relégués dans leur pays d'origine.

Cette mesure partielle fut bientôt jugée insuffisante. M. Teschereau de Baudry, moins facile que M. de Machault à qui il venait de succéder à la lieutenance générale de police, prescrivit en 1721 une enquête sur les Juifs présents à Paris. A la suite de ces recherches, on lui soumit l'état suivant :

Estal de quelques Juifs qui sont à Paris et qui mériteroient d'en estre chassez pour s'estre trouvez sans passeport :

1. Lazard Ottolinguy, pour travailler à faire des fleurs.

2. Jonas ⎫ venus pour achepter des mar-
3. et Jonas Lévy, ⎭ chandises de peletrie.

4. Cerf Carlebac. Il dit estre commis de Joseph Lévy.

5. Nathan Schowabe. Dit estre en procèz contre Salomon Schowabe.

6. Mayer Franc. Dit estre venu pour faire le recouvrement de plusieurs sommes qui luy sont deues.

7. Salomon Bone. Dit estre venu pour vendre des chevaux et apprendre la langue.

8. Moyse Fiercelle, ⎫ disent estre venus pour don-
9. Salomon Fribourg, ⎭ ner à manger à des Juifs.

10. Mandel de Vienne. Il dit auoir un procez devant M^{rs} les C^{res} du Conseil.

11. Salomon Bernard ⟩ Disent estre venus pour don-
12. et Bernard May.   ⟨   ner à manger à des Juifs.
13. Compere Zay. Il est venu à Paris avec un marchand pour aller à La Rochelle.

14. Jacob Coblents. Il dit auoir un procez.

15. Lion Prague, pour apprendre la langue.

16. Bernard. Il est venu pour apprendre la langue et
chercher un maître.

17. Jonas Altchurche. Il donne à manger à des
Juifs.

18. Elie Prag, dit avoir des procez (rue Quinquem-
poix, chez Dupré, perruquier).

19. Salomon Francfort. Est venu pour achepter
des marchandises.

20. Isaac Bernard. Dit estre venu pour négocier
des marchandises de friperie.

21. Jacob Comperte Moyse. A dit n'avoir aucune
affaire à Paris.

22. Lion Picard. Il prétend qu'il luy est deub pour
les Etapes de 1714 et 1715.

23. Samuel Cerf. Il prétend qu'il luy est deub par
Mayer Lévy.

24. Abraham Mears. Il dit qu'il est venu pour con-
traindre un Anglois qui luy doit. Cet Anglois n'est
point en France.

25. Eleazar Isaac Lévy. Il dit avoir un procez contre
le marquis Damis.

M. de Baudry, ému sans doute de tant d'irrégula-
rités, fit tenir au Régent une note qui fut le point
de départ de toute une série de mesures contre les
Juifs.

C'était un « *Projet pour ne laisser aucun Juif à
Paris sans passeport* ».

Il y était dit qu'il avait « toujours esté d'usage de
n'en souffrir ancuns dans cette capitale sans des
permissions expresses et particulières », que le
lieutenant général de Police de Paris, qui visoit leurs
passeports ou permissions, se trouvoit par ce moyen

à portée de veiller à leur conduite, et que « lorsqu'ils ozoient abuser de la tolérance qu'on avoit de les souffrir à Paris, ils estoient chassez sur le champ, ou emprisonnez en cas de désobéissance ».

Teschereau de Baudry, rappelant qu'au mois de janvier précédent le Régent avait décidé de « chasser de Paris les Juifs suspects, de quelque Synagogue qu'ils puissent estre », demandait à « rétablir cette ancienne règle » et à faire emprisonner ceux qui y contreviendraient. Le Régent approuva ce projet le 6 mai 1721. Nous verrons bientôt ce qu'il y avait de vrai dans ces accusations.

Le magistrat, ainsi armé, devait avoir facilement raison des quelques Juifs qui ne se décideraient pas à régulariser leur situation ou s'obstineraient à revenir à Paris malgré la défense rigoureuse qui leur en était faite.

Cependant, un an après, un second mémoire était adressé au Régent. Quels nouveaux faits avaient pu le provoquer ? La lieutenance générale de Police avait passé des mains de M. de Baudry dans celles de M. de Voyer de Paulmy, comte d'Argenson. Sa méfiance contre les Juifs avait-elle été mise en éveil par les officiers de Police, dont l'action malveillante se faisait déjà vivement sentir ?

On peut le croire. C'est certainement sur le rapport d'un de ses agents que le nouveau magistrat s'appuyait pour obtenir, le 22 juin 1722, le maintien intégral des décisions précédentes.

L'affaire qui avait pu la motiver était relative à un Juif d'Alsace, Weil (Joannes), qui donnait à manger à quelques Juifs et pour ce fait s'était attiré les rigueurs de la police. Voici en quels termes l'Inspecteur s'exprimait :

« Joannes est un Juif d'Alsace qui n'a d'autre métier à Paris que de tenir auberge pour les Juifs de toutes synagogues.

« Il s'y en rassemble quelquefois plus de trente, et les vendredys et les samedys ils y font leur sabac...

« Cette maison est une vraie retraite pour les fripons.

« Comme il a toujours este tres deffendu aux Juifs de donner à manger aux autres, que celuy ci en a reçu l'ordre plusieurs fois et qu'il luy a été souvent ordonné de sortir de Paris sans qu'il ait obey et encore en dernier lieu par deux fois depuis 10 jours, on ne croit pas pouvoir l'obliger à obéir à la loy générale qu'en le réléguant... »

M. d'Argenson prit texte de ce rapport pour demander que « comme il y a actuellement à Paris nombre de Juifs sans permissions ny passeports qui y tiennent auberge et des assemblées, que leurs maisons servent de retraite aux fripons », il fût autorisé, suivant l' « ancien usage », à les chasser et emprisonner. Le 18 décembre 1723, le duc de Bourbon lui donna toute latitude pour punir les Juifs « comme il le jugeroit à propos ».

M. d'Argenson quitta bientôt la Prévôté pour le ministère de la guerre ; il y fut remplacé par M. Ravot d'Ombreval, sous la magistrature duquel les Juifs de Paris eurent quelque répit. Celui-ci, pour ne point s'empêtrer des Juifs et de leurs demandes de résidence, trouva plus facile de faire imprimer pour eux uue formule par laquelle il permettait individuelle-ment au Juif postulant de séjourner à Paris pendant un délai déterminé ; « au bout duquel temps ledit » était « tenu de se retirer dans son pays ou de se représenter devant Nous pour lui estre accordé un nouveau delay s'il y a lieu ». M. Ravot à son tour céda la place à M. Hérault qui entra en fonctions le 28 avril 1725 et y demeura pendant quatorze ans.

Avec lui, la procédure contre les Juifs prit tout de suite une forme plus agressive, plus rigoureuse. Dès les premiers mois de sa magistrature, il se plaint en

termes assez vifs que les passeports délivrés par
M. de Breteuil ne fassent « aucunes injonctions à ces
Juifs de se représenter à M. le lieutenant général de
Police » et ne portent point « la clause de les faire
viser à peine de nullité ». Comment en l'absence de
cette clause pourrait-il « veiller à leur conduite »?
On sait cependant que « les gens de cette religion »
sont « très suspects » et que « les mauvais » y sont
« en grand nombre ». N'est-ce pas pour cela que « l'intérêt publiq a engagé dans tous les temps à incerrer
cette clause dans tous les passeports qui ont été
accordés aux Juifs »? Au surplus c'était le seul moyen
d'avoir raison de ceux qui font « de mauvaises manœuvres ». Le ministre, s'inclinant devant la raison
d'État, répondit : « M. de Breteuil y mettra la clause
accoutumée. Ce 24 décembre 1725. »

M. Hérault ne se contenta pas de cette apostille
résignée. Il voulut obtenir, lui aussi, du premier
Ministre l'autorisation d'emprisonner, de chasser, de
punir les Juifs à sa convenance ; il l'obtint, en effet,
le 1er juillet 1726, du cardinal de Fréjus, et bientôt
après du cardinal de Fleury qui, plus expansif que
son prédécesseur, apostilla largement le mémoire :
« Bon pour être exécuté comme par le passé et aux
termes des derniers ordres. 23 décembre 1726 ».

Mais ce n'était plus seulement la question de régularité de séjour à Paris qui occupait le lieutenant général ; c'était aussi ce qu'en leur langage malveillant
les exempts de police appelaient les « manœuvres »
des Juifs. Dans toutes les classes de la société, depuis les nobles jusque dans le peuple, la passion du
jeu, de l'agiotage et de la spéculation, qui, on le sait,
avait porté la désolation dans la plupart des familles
au commencement du XVIIIe siècle, n'avait pas disparu avec Law. Il était resté de cette époque, où tant
de fortunes s'amoncelèrent sur tant de ruines, un
désir immodéré de jouissances, une insatiable âpreté

au gain ; et pour satisfaire l'un et l'autre on se dé-
pouillait de tout, on sacrifiait tout, on s'adressait à
tous. Mais les Juifs, comme cela arriva de tous temps,
furent particulièrement considérés comme les inter-
médiaires indiqués de ces opérations. Naturellement
portés à saisir les occasions qui leur étaient offertes,
ils devaient être les victimes de la corruption générale. Ils n'avaient rien à craindre aussi longtemps
que le succès répondait à leurs efforts ; mais du jour
où la mauvaise fortune s'abattait sur eux, leur probité était sans honte contestée, mise en suspicion, et
chacun à l'envi les taxait de déloyauté et de mauvaise
foi. Les plaintes se succédaient auprès du lieutenant général qui, de prime-abord et sans approfondir l'affaire, usait du droit, si souvent sollicité et
chaque fois accordé, de faire écrouer les Juifs « suspects ».

Bien peu restaient en dehors de cette classification
facile.

Le nombre n'en pouvait qu'augmenter au gré de la
police. Aussi en 1730 M. Hérault, qui était un homme
d'ordre et de précaution, donnait sur le compte des
Juifs des instructions très précises à Tapin, qui venait d'être chargé de leur surveillance. L'ordre est
du 13 novembre : « Il est ordonné au sieur Tapin,
lieutenant de robbe courte, de s'informer exactement
de l'arrivée des Juifs qui viennent à Paris, de tenir un
estat de leurs noms, pays et demeures, de veiller sur
la conduite de ceux qui y seront tolérés, de se faire
représenter les passeports dont ils sont porteurs,
s'ils en ont obtenu, qu'il me représentera pour estre
visés s'il est à propos. Enfin il me rendra compte des
raisons qu'ils auront pour venir à Paris et y autho-
riser leur séjour... »

Cette procédure fut en effet régulièrement suivie
jusqu'en 1733 ; puis, soit que la conduite des Juifs
ne fût pas aussi répréhensible qu'on l'avait repré-
sentée, soit tolérance, soit enfin compatissante négli-
gence de M. Hérault, et de M. Feydeau de Marville

qui lui succéda (1739-1747), les passeports restèrent sur le bureau du magistrat, oubliés, perdus dans d'autres paperasses. « Par là, prétendait-on, le nombre des Juifs s'en est multiplié ».

M. de Marville, qui s'en plaignit, demanda donc en 1742 qu'on revînt « à ce qui s'était cy-devant pratiqué à leur égard ». Le ministre, M. de Breteuil, répondit assez sèchement pour que le magistrat crût devoir revenir à la charge ; mais M. de Breteuil garda le silence. M. de Marville, blessé de ce procédé, reprocha presque au ministre de « rester dans l'inaction », et la querelle menaçait de s'envenimer lorsque M. Rossignol, premier secrétaire du lieutenant général de police, s'interposa fort habilement. On imagina que la réponse de M. de Breteuil s'était égarée, et on décida, en ce qui concernait les Juifs, de « remettre les choses sur l'ancien pied ».

Cependant, quelque rigoureux qu'ils fussent, les lieutenants-généraux de police n'avaient garde d'oublier qu'aux yeux du peuple leur magistrature n'était pas faite seulement de sévérité, mais aussi de paternelle bienveillance. La bourgeoisie surtout avait foi en leur puissance, en leur réputation d'intégrité et de sagesse, et elle recourait sans hésiter à leur autorité pour l'honneur et le bien du foyer, chaque fois que cela était nécessaire.

Le magistrat prêtait une oreille complaisante aux plaintes, aux confidences qui lui étaient faites ; il cherchait à concilier les intérêts, réunissait « en son hôtel » les parties plaignantes, et dans ces débats, où chacun mettait de l'aigreur et de la colère, il jetait le poids de son autorité. Il était rare enfin qu'il se refusât à intervenir dans les familles qui le sollicitaient d'y ramener la tranquillité, l'harmonie ou la concorde. Parfois même le magistrat prenait l'initiative d'une semblable intervention. Les Juifs ne résistèrent pas à ce courant assez vif, mais ils y cédèrent plus timidement. Ils ne trouvaient pas, en effet, dans le magistrat cette bienveillance qui attire,

approche, provoque les confidences. Loin de là. Ils
sentaient en lui une indifférence dédaigneuse, souvent même une inimitié qui ne pouvait que les effa-
roucher et les éloigner de lui.

M. Berryer fut un de ceux qui leur montrèrent le
plus de rigueur.

Nommé lieutenant-général de police le 27 mai 1747,
il avait appelé un sieur Legrand au poste d'Inspecteur chargé de la surveillance des Juifs. Ils s'entendirent à merveille pour ne leur laisser ni repos ni
trêve. Alors, sous les prétextes les plus vains, on
arrête et l'on emprisonne. Trois Juifs, entre autres,
arrivés le 27 décembre 1748, sont signalés le même
jour au lieutenant-général ; ils ont « de très mauvaises
figures », dit Legrand. C'est bien, répond M. Berryer :
« s'ils ne sont pas en règle le 1er janvier, les arrêter ».

La mauvaise humeur de la police s'expliquait.
C'était l'époque où deux Juifs dont nous avons déjà
conté l'histoire (1), Jacob Bacharach et Assure Mayer,
lui jouent les tours les plus pendables, mettent sur
pied mouches, exempts, commissaires, magistrats,
ministres, et provoquent entre les uns et les autres
un nombre incroyable de lettres, notes et rapports
où se retrouvent très vivantes les émotions, les
inquiétudes, les espérances, par lesquelles ces deux
Juifs les firent passer tour à tour de 1745 à 1759.

Ces courses folles au Juif ne furent pas sans
influence sur les dispositions de M. Berryer à
l'égard du « peuple hébreu ». Il se plaignit vivement
à M. D'Argenson de ne pouvoir le contenir ; et en
même temps, rappelant à M. de Maurepas le règlement concernant les Juifs, il demandait que sans

---

(1) Voy. *Les Juifs de Paris sous Louis XV*, p. 31 et suiv.

délai on le remît en vigueur. « Ce règlement, disait-il, en 1748, n'a pas été observé pendant plusieurs années, à cause de la guerre pendant laquelle il ne paraissait que très peu de Juifs à Paris et qu'ils ne s'y arrestaient pas ». Mais « depuis la paix, il en arrive fréquemment, soit pour commercer, soit pour recueillir des sommes qu'ils prétendent leur être dues. Le plus grand nombre d'entre eux est suspect et donne souvent lieu à des plaintes. Plusieurs font un commerce clandestin ».

Le lieutenant général demandait donc qu'on le mît à même d'avoir raison de ces rebelles et de les obliger à se mettre en règle. En attendant, il imagina de les arrêter « en vertu de l'ordre général ». C'était une formule ingénieuse, accordée sans effort, et qui dispensait de motiver les emprisonnements qu'on ne pouvait expliquer d'une façon précise. « En vertu de l'ordre général », on enfermait les Juifs au Fort l'Evêque, aux Châtelets, à Bicêtre, pêle-mêle, sans cause définie, sans autre raison qu'ils *marquaient mal* ou n'avaient point de passeport.

M. de Puyseulx, alors ministre des affaires étrangères, dut, un jour, rappeler M. Berryer à plus de justice et de modération.

Parmi les victimes de cet ordre rigoureux, figurait en 1749, un juif de Sarrelouis, Elie Worms, venu à Paris pour solliciter le paiement de différentes fournitures qu'il avait faites aux troupes du roi pendant les campagnes de 1742 et 1743. Un autre, nommé Joseph Plocque, avait fait également des fournitures à l'armée et se trouvait à Paris « pour compter avec les entrepreneurs ». Il paraît, disait un rapport, qu'il jouit d'une bonne réputation. Malgré cela, et malgré les preuves de zèle et de fidélité qu'ils avaient données, tous deux avaient été arrêtés en vertu de l'ordre général et jetés au Grand-Châtelet le 21 janvier 1749.

Une fois libres, ils écrivirent à M. de Puyseulx et sollicitèrent la permission de rester à Paris quelques mois. Le ministre renvoya les mémoires à M. Berryer en lui disant : « Je ne leur en délivrerai point sans auparavant savoir s'ils n'en abuseront pas, et je ne puis pour en être informé mieux m'adresser qu'à vous... Je sçai que le séjour de gens de cette nation entraîne souvent bien des abus, mais aussi n'y aurait-il pas de la dureté à refuser cette grâce à ceux qui se sont intéressés dans les fournitures pour nos armées et dont la présence est nécessaire à Paris pour faire arranger leur compte ou suivre leurs affaires ? »

Le magistrat dut se défendre contre ce juste reproche ; mais en même temps il ne voulut rien abandonner de ses droits. « Il n'est pas question, répondait-il assez cavalièrement au ministre, d'empêcher les Juifs de venir à Paris et d'y rester le temps nécessaire pour faire leurs affaires et leur commerce. Il s'agit seulement de les obliger de se conformer à la règle établie de tous tems... afin que je sois à portée de faire veiller sur eux et de faire punir ceux qui abusent de la confiance du publiq... »

Sentant dès lors toute la fragilité des décisions ministérielles, puisque leur application pouvait dépendre du ministre et que les ministres n'étaient pas éternels, M. Berryer chercha à assurer par un acte plus durable, la perpétuité et la force des mesures qu'il jugeait nécessaires contre les Juifs. Il trouva en M. d'Argenson, devenu secrétaire d'Etat au ministère de la guerre, un interprète facile et complaisant auprès du Roi. Tous deux, répétant les raisons que presque tous les lieutenants généraux avaient présentées dans leurs notes au Régent et aux ministres depuis 1721, firent valoir le danger qu'il y avait de tolérer à Paris, sans les assujettir à prendre des passeports, le « nombre assez considérable de Juifs » qui, « sous prétexte de commerce », se livraient à toutes les « ma-

nœuvres », à toutes les « friponeries », à tous les
« désordres »; et ils demandaient que cette précaution fût à l'avenir rigoureusement observée.

Ce n'était pas une question qui pût passionner
Louis XV. Que pouvait lui importer les Juifs ? D'autres objets occupaient son temps, son attention, ses
loisirs. M. Berryer obtint donc, plus facilement sans
doute qu'il ne l'espérait lui-même, les ordres sévères
qu'il sollicitait. Ces ordres eurent dorénavant force de
loi. Ils datent du 11 janvier 1750. « Je vous fais cette
lettre, écrivit le Roi au lieutenant général de police,
pour vous dire que mon intention est que vous obli-
giez tous les Juifs qui sont actuellement à Paris, de
même que tous ceux qui s'y rendront dans la suite,
sous quelque prétexte qu'ils y soient ou qu'ils y
viennent, à prendre des passeports dans les formes
ordinaires, que vous vous les fassiez représenter,
pour être par vous visés, que vous en fassiez tenir
registre, et qu'en cas de refus de leur part ou qu'il
vous viendrait des plaintes contre quelques-uns
d'entre eux, vous les fassiez arrêter et conduire, soit
en prison, soit à Bicêtre, d'où vous pourrez ensuite les
faire sortir quand bon vous semblera; s'il vous était
même nécessaire de mettre leurs effets en sûreté,
vous y ferez apposer les scellés par un commissaire au Châtelet, lesquels vous ferez aussi lever
sans qu'il soit besoin d'un nouvel ordre de votre
part... »
Cette Ordonnance couronnait dignement l'œuvre
des lieutenants généraux de police. L'art perfide avec
lequel ils avaient formulé leurs réclamations contre
la nation juive, la savante progression qu'ils surent
mettre dans leurs plaintes, avaient enfin produit ce
résultat cherché que les Juifs restaient entourés des
pires entraves dans leur existence, dans leur travail,
dans leurs efforts pour s'élever au-dessus de la tourbe
avec laquelle on voulait continuer à les confondre. Ils

purent fléchir sous le poids de ces vexations nouvelles : leur volonté tenace, et, selon la belle expression de M. Darmesteter, leur désir de vivre dans la
« patrie retrouvée », leur donnèrent la force de n'y
pas succomber.

Berryer avait si bien fait, qu'il ne laissait rien à
faire à Berlin de Bellisle (1757-1759) et à Sartines (1759-
1774) lorsqu'ils arrivèrent, après lui, à la lieutenance
générale. La loi était dorénavant fixée ; ils n'avaient
plus qu'à l'exécuter. Plus n'était besoin d'importuner
des Juifs les secrétaires d'Etat que le Roi appellerait
au pouvoir : le magistrat restait en quelque sorte le
seul arbitre de la liberté, des biens et de la vie des
Juifs de Paris.

CHAPITRE II

LES INSPECTEURS DE POLICE ET LA SITUATION DES JUIFS
A PARIS

En réalité, ces décisions ministérielles, ces ordonnances royales, n'étaient que la paraphrase des rapports présentés aux lieutenants généraux par les inspecteurs chargés de la police des Juifs. Le magistrat, trop haut placé pour entrer dans ces menus détails, n'était à même de savoir de la « nation juive » que ce que ses officiers jugeaient bon de lui faire connaître : leurs rapports constituaient presque uniquement son livre de science. C'est là qu'il puisait, souvent même sans en modifier la forme, les accusations de ses agents, leurs plaintes, leurs imputations, pour en composer les notes qui passaient sous les yeux des ministres et du Roi. Quel pouvoir excessif laissé à des hommes que les préjugés, la passion, l'intérêt, pouvaient guider dans l'exercice de leurs fonctions au détriment de la vérité, de la justice et du devoir !

Cet excès de confiance était d'autant plus redoutable que les agents n'étaient placés sous aucune espèce de contrôle; ils pouvaient recourir aux moyens les plus blâmables, donner libre cours à leurs sentiments de haine personnelle ou de jalousie, abuser enfin de l'autorité attachée à leurs fonctions : leur témoignage, aveuglément accueilli, leur assurait pour longtemps l'impunité. Ils étaient bien les vrais, les seuls maîtres des Juifs et ils le leur firent durement sentir. Ce fut alors entre eux une lutte ardente, de chaque jour, où les Juifs durent user de toute leur habileté pour résister à des adversaires qui, forts déjà de la puissance de la Police, ne craignaient pas d'employer la calomnie et le mensonge envers ceux qu'ils voulaient perdre.

Les inspecteurs avaient bien des moyens d'atteindre leur but. Ils n'en négligeaient aucun. Ils mettaient un soin extrême à rappeler aux lieutenants généraux les obligations d'enregistrement imposés aux Juifs, surveillaient étroitement ceux qui faisaient mine de s'y soustraire, et, pour qu'il n'en échappât point, se tenaient à l'affût de ceux qui s'acheminaient vers la capitale sans passeport de l'intendant de leur province. C'est ainsi que l'inspecteur Langlade faisait savoir au magistrat, le 31 mai 1720, qu'il était « party de Metz dix ou douze Juifs pour venir à Paris ». Il savait même en quel équipage ils s'étaient mis en route. « Il y en a deux ou trois qui sont en poste.... les autres sont à cheval ou dans les voitures ordinaires. »

Ces Juifs de Metz devaient venir avec des certificats de M. de Creil (1) ; sur ces certificats, M. D'Angervilliers, secrétaire d'État et ministre de la guerre, délivrait des passeports du Roi ; et, « sous peine de nullité », les passeports devaient être rapportés devant le lieutenant général de Police « pour que Monsieur y mette son veu ».

Tel était en effet le principe de la procédure ; et c'est là que l'intervention de l'Inspecteur commençait à être redoutable. C'était à lui que ces passeports étaient remis pour en faire un rapport ; il les portait ensuite à « Monsieur Rossignol », qui les soumettait au visa du magistrat.

L'enquête était-elle favorable ? L'officier en donnait avis à « Monsieur » — c'est ainsi qu'on désignait le lieutenant général de Police — dans la forme suivante :

---

(1) M. de Creil était intendant de la Province de Metz.

Du 13 janvier 1755
____
Juifs

Vu de Chaban (1)
13 janvier 1755

En conséquence de vos ordres, je me suis informé de la conduite des nommés Isaac Israel, Mayer Jacob de Fremingen en Lorraine et Salomon Abraham Furst d'Hambourg, lesquels demandent des passeports pour séjourner en cette ville. Comme il n'est point revenu de plaintes contre eux, je pense qu'il n'y a point d'inconvénient à leur accorder sous le bon plaisir du magistrat la permission qu'ils demandent. Buhot.

Le « suppliant », muni de son certificat, se rendait alors chez l'inspecteur qui enregistrait ses nom, prénoms, profession et nationalité, le motif de son séjour et sa demeure. Il recevait ensuite l'autorisation demandée. Si le pétitionnaire lui était « suspect », l'officier retenait le passeport, indiquait les faits à la charge du Juif et concluait en son rapport pour la prison ou l'exil.

Souvent le pauvre diable, ainsi visé, était immédiatement appréhendé au corps ou exilé par une décision de simple police. On régularisait l'affaire plus tard en demandant au ministre de délivrer « un ordre en forme ». Cela ne souffrait jamais de difficulté.

Bien des Juifs, effrayés de cette omnipotence, peu soucieux aussi d'aller faire antichambre chez un agent infime dont il fallait gagner les bonnes grâces ou la protection, cherchaient tous les moyens de se soustraire à son autorité. Ils se gardaient alors de faire aucune déclaration et, arrivés à Paris, d'indiquer leur demeure. Ces actes de mutinerie n'étaient pas du goût de l'Inspecteur, qui les signalait sans délai au magistrat. Nul n'était à l'abri de ces dénonciations. Honnête ou non, suspect ou pas, tout Juif devait se conformer à la règle.

____

(1) M. Chaban, secrétaire du lieutenant général de la Police.

Le 1ᵉʳ mai 1749, en vertu d'un ordre du roi, Legrand conduisit au Grand-Châtelet « le nommé David Perere, Juif ». David Péreire était le frère de Jacob Rodrigues Péreire, dont la réputation comme Instituteur de sourds-muets commençait à s'étendre. Il était à Paris « depuis le 7 avril sans aucun certificat de son pays, quoiqu'il ait eu plus de tems qu'il n'en fallût pour en faire venir un ». Au moins donna-t-il une justification plausible de son séjour ? Qu'on en juge. « Ce Juif, dit Legrand, a déclaré lors de son enregistrement n'y être que pour enseigner à parler aux muets ». Le motif manquait de valeur pour l'officier de police.

Jacob demanda la liberté de son frère. Il adressa dans ce but un « mémoire » au lieutenant général de police. D'après ce mémoire et le rapport qui l'accompagnait, Jacob Rodrigues, après avoir demeuré pendant trois ans au collège de Beaumont-en-Ange, se préparait à se rendre à Paris avec M. de Tavigny, fils du Directeur des Fermes à la Rochelle. Ce jeune homme était sourd et muet de naissance et Péreire s'était « engagé » à le « faire parler ». En quatre mois — deux certificats émanant, l'un du Principal du collège, et l'autre de l'Académie des Belles-lettres de Caen, l'attestaient — en quatre mois, il lui avait « appris à assembler les lettres et les mots et à en prononcer un grand nombre », de sorte que M. de Tavigny se faisait « suffisamment entendre ». C'était pour faire constater ce succès que Péreire venait à Paris où il allait présenter son élève à l'Académie des sciences ; et il avait envoyé son frère par avance afin de « luy procurer un logement convenable ».

Extrait de ce mémoire fut, comme d'usage, transmis au magistrat et au ministre. Mais comme la Police ne se piquait point de connaître à fond les choses ni les hommes de science, elle confondit les deux noms, et croyant avoir affaire au maître connu, attribua à David, l'aide dévoué, les merveilleux résultats obtenus par Jacob Rodrigues. Peu importait du reste : ce n'était pas la première fois que la Police se trompait et prenait un Juif pour l'autre. David bénéficia de cette confusion. Il fut élargi sans retard; mais il était resté incarcéré toute une semaine.

Parfois, cependant, les choses se passaient plus mal, et l'opiniâtreté des Juifs à demeurer à Paris, malgré la défense qui leur en était faite, excitait au plus haut point l'impatience de l'officier. Il perdait alors toute mesure et les traitait de la façon la plus vive. C'était, en sus, la prison.

Une fois écroués les délinquants s'agitaient, écrivaient, réclamaient à grands cris leur liberté. L'Inspecteur, saisi de leur demande, en faisait son rapport, et s'il y était contraire, le magistrat y répondait par « néant » ou bien : « attendre ». Au bout de deux ou trois mois, quand on avait « jugé » le prévenu « suffisamment puni » et qu'il promettait « de se mettre en règle », le ministère, saisi à son tour, était « supplié de le rendre libre ».

Lorsque au contraire il y avait récidive ou que le cas était grave, le « suppliant » n'était mis en liberté que pour être relégué.

Ceux qui étaient l'objet d'une peine aussi rigoureuse se faisaient mal à cet éloignement. Parmi eux, les uns revenaient furtivement à Paris. S'ils étaient découverts, ils payaient leur fugue d'un internement rigoureux à « l'Hôpital » : c'est ainsi qu'on désignait Bicêtre. D'autres finissaient par obtenir leur rappel. Mais il fallait pour cela des motifs assez impérieux ou une intervention puissante.

L'inspecteur des Juifs, on le voit, avait un rôle considérable. Son action, qui s'exerçait d'une manière continue dans les bureaux, se faisait sentir jusque dans les Conseils du gouvernement, et pesait lourdement sur les administrés. A la vérité, elle se manifesta avec plus ou moins de rigueur selon l'inspecteur en place; mais quel qu'il fût, il n'en est pas un qui ne témoignât des préventions les plus cruelles et n'en fît éprouver toute l'amertume aux Juifs de Paris.

Cinq inspecteurs de police furent successivement chargés de la surveillance des Juifs. Le poste fut créé en 1721. Il eut pour premier titulaire Langlade, capitaine des Chaînes, officier du guet. Avant cela, l'exécution des ordres du roi était confiée à des commissaires au Châtelet de Paris. Ce furent Buzin et Tisserand qui, à ce titre, furent chargés de la première expédition de ce genre en 1719. Ils eurent pour leur coup d'essai à s'emparer de sept Juifs de Metz. Ce fut, à les en croire, un coup de maître.

Tout dans la « nation juive » a fui à leur approche; tout s'est terré. Ceux « qui sont dans Paris se sont cachés... Les autres sont partis pour Metz afin d'y célébrer la feste des Tabernacles ». Ils comptent bien revenir ici, lit-on dans le rapport adressé au magistrat, à moins que cet exemple ne les retienne dans leur pays »; mais, ajoute Buzin d'un air entendu, cela « est bien difficile à croire, cette nation faisant tout céder à son intérêt ».

A compter de ce jour, les officiers de police, si bien instruits sur le compte des Juifs, sentirent croître leur vaniteuse importance à mesure que croissait la confiance du maître. Nul ne put résister au plaisir de déblatérer contre « la nation juive ». Conseillers au Châtelet, exempts de robe courte, inspecteurs quelconques provisoirement employés à la « partie des Juifs », tous voulurent, à l'exemple des officiers en place, dire aussi ce qu'ils pensaient de ce « peuple défavorable ».

Celui-ci assure que leur « conscience » n'est pas « des plus timorées »; celui-là qu'ils ne peuvent rester à Paris « sans être à charge à la société civile »; un de ceux qu'avec une légère pointe de mépris justifié on appellerait aujourd'hui un *gendelettre*, Meusnier, refuse toute « authenticité » au témoignage « d'une nation proscrite de Dieu et des hommes »; un autre enfin, d'Hemery, que son service à la police des jeux

laisse dans l'ombre, cherche l'occasion de se mettre
en lumière et soumet ses idées au magistrat pour
« contenir » la « quantité de Juifs » qui font à Paris
« mille friponneries ». Il proposait d'établir « un état
à peu près semblable à celui des jeux » contenant les
noms « de tous ceux qui sont à Paris, le sujet pour
lequel ils y restent, avec des observations pour estre
à même de les punir ».

Ce projet de tableau n'eut pas grand succès auprès
de M. de Marville, qui n'y donna pas suite. L'inspecteur Buhot, qui s'empara plus tard de cette idée,
nous a laissé des états de cette sorte fort complets.
Quant aux « observations », l'idée n'était pas nouvelle. Depuis de longues années en effet, elles abon-
daient dans les rapports, et Langlade, qui remplit les
fonctions d'inspecteur jusqu'en 1730, pouvait particulièrement en revendiquer la gloire.

Ce Langlade avait le mot vif et l'« observation »
brève. Avec lui point de discours ; mais dans le rapport généralement vulgaire de l'inspecteur de Police,
une expression, une phrase, un trait saillant, qui
attirait tout de suite l'attention.

Nathan de Morhange, qui pendant presque toute
son existence eut maille à partir avec la police, se
trouvait en 1728 au Grand-Châtelet où, par une nouvelle rouerie familière à cet esprit fécond, il voulait
embrasser le catholicisme. Il se faisait catéchiser par
un contrôleur général des mousquetaires et chevau-
légers de la Garde du roi ! Il demanda sa liberté pour
« s'unir à l'Eternel par des nœuds sacrés ». Langlade,
interrogé sur le degré de sincérité de Nathan, se mé-
fiait. Il connaissait trop et le catéchumène et le catéchiste. « Je crois, disait·il, qu'ils n'ont pas plus de
religion l'un que l'autre. Cependant, comme il n'y a
que Dieu seul qui connaît nos pensées, si ce Juif
était véritablement dans le dessein de se faire catholique, pour n'avoir rien à se reprocher on pourrait
en essayer encore une fois... »

Nathan se trouva au Châtelet en compagnie d'Abraham Schwabe, Juif de Metz. Ils y menèrent une vie si bruyante que les détenus, scandalisés, se plaignirent. Langlade, perdant patience, demanda leur internement à Bicêtre. « Si quelqu'un mérite d'être renfermé, s'écria-t-il, ce sont ces deux Juifs-là, ledit Chouabe et son père, sa mère et toute sa famille .. »

La « nation juive » fut cette fois épargnée. Il ne la ménageait pas d'ordinaire. Chaque fois, en effet, qu'il avait à rendre compte d'un Juif, dans sa pensée hostile il englobait la « nation » entière. Pour lui, nous l'avons dit déjà, tous étaient des suspects — de tels pays qu'ils pouvaient être.

Aussi était-il persuadé que ses expéditions leur inspiraient une terreur salutaire Il avait, le 5 mai 1721, arrêté Salomon Bernard de Metz, pour avoir donné à manger à d'autres Juifs. En donnant avis de sa capture, il s'écriait : « Quoiqu'il n'y ait que ce seul particulier d'arrêté, cela donne une si grande épouvante aux autres, que la plus grande partie vont s'en aller... » Mais c'était une illusion. Ils ne s'en allaient point. Au contraire, car au moment même, ils faisaient venir un nommé Haury, « Juif boucher qui tue la viande pour les Juifs ».

Langlade, qui cependant avait provoqué les premières décisions ministérielles concernant les Juifs, ne se signala pas par ces actes d'excessive rigueur que dicte une haine aveugle ou jalouse. Tapin fut tout autre. Esprit étroit, il n'avait pour exemple, en succédant à Langlade, que Langlade lui-même ; il chercha à l'imiter, mais en l'imitant, il exagéra à dessein la sévérité des règlements, qu'il appliqua avec une extrême partialité. Langlade disait des Juifs qu'ils formaient une « nation défavorable » ; Tapin ne la vit composée que de « fripons » ou d'hommes « adonnés à la débauche ». Les femmes n'étaient guère plus épargnées. Tous étaient des gens qu'il fallait exiler, des « mauvais sujets » dont il était

bon de « purger Paris ». Ses rapports de police sont
écrits avec une prolixité derrière laquelle il chercha
plus d'une fois à cacher sa confusion. Il se vit à plusieurs reprises, en effet, dans l'obligation de se justifier d'actes iniques et arbitraires.

Il n'y en eut pas de plus révoltant que celui dont la
veuve Benjamin et la veuve Mayer-Lyon faillirent
être victimes. Après la mort de leurs maris, et pour
subvenir à leur existence, elles s'étaient associées
pour donner à manger aux Juifs. Tapin voulut s'y
opposer et demanda leur relégation.

L'une était veuve depuis six mois. Son mari, Juif
hollandais très estimé, travaillait depuis quatorze
ans à la manufacture des Tabacs où Benjamin, son
père, avait été mandé par les Fermiers généraux
pour « estre à la teste des ouvriers de cette manufacture.» Sa femme était une personne « assez jolie »,
jeune encore, puisqu'elle avait à peine vingt trois
ans quand, après six années de mariage, Benjamin
mourut, laissant un enfant « encore au maillot ». La
situation de l'autre veuve méritait également quelque
intérêt. Mayer-Lyon, son mari, venait de mourir
dans les prisons du Châtelet, où il avait passé dix
années consécutives pour défaut de payement d'un
billet dont il s'était porté garant.

Il n'y eut pas d'accusation injuste, de calomnie, que
Tapin ne portât contre elles, contre leurs mœurs,
contre leur établissement. Les deux jeunes veuves
se défendirent avec courage. Elles révélèrent au
magistrat les petites infamies de son exempt, ses
exigences et les sacrifices d'argent qu'elles avaient
dû faire sur les menaces de Tapin, au profit de la
veuve Bernard, leur concurrente, pour acheter de
l'exempt la sécurité, le repos, la faculté de prolonger
leur séjour à Paris.

Mais malgré la justice de leur cause elles allaient
succomber, quand M. de Grevenbroch, Ministre de
l'Electeur Palatin, intervint en faveur de ces malheureuses. Lassé de cette persécution que rien ne justi-

fiait, il expliqua comment Tapin, par complaisance pour l'amie intime de sa femme, voulait ruiner la veuve Benjamin et l'obliger de céder sa place à l'autre.

Après bien des hésitations, le magistrat, contrairement aux instances de son officier, autorisa la jeune veuve à demeurer momentanément à Paris. Tapin n'en voulut pas tenir compte. Il lui signifia qu'elle eût à quitter Paris sans délai. Il fallut que le magistrat fît de nouveau connaître sa volonté formelle. Tapin sentit toute la portée de cet échec et, dans la confusion qu'il en eut, il ne sut que se plaindre : « Si les ordres du Roi dont vous m'avez fait l'honneur de me charger, dit-il à M. de Marville, ne sont point exécutés en ce qui concerne les Juifs, il ne sera pas possible de les mettre dans la règle, et ils se mocqueront de votre autorité et de ce que je pourray leur dire ».

« Monsieur » ne l'entendait pas ainsi : Tapin fut remercié.

A ce moment sans doute les Juifs poussèrent un soupir de soulagement, qui devait bientôt se changer en cri de douleur. Le magistrat venait en effet de charger de leur surveillance un homme qui, par un révoltant abus de son autorité, allait être pour eux un véritable objet d'horreur.

C'était l'Inspecteur Legrand. Dès son entrée en fonctions, il manifesta à leur égard, sans raison ni provocation aucune, ses sentiments d'hostilité et de haine. Il prit possession des Juifs. Il n'usa pas seulement de rigueur envers ceux qui arrivaient à Paris sans passeport ou qui y restaient contre sa volonté : il fit défense à tous de se mouvoir, de se déplacer sans lui en rendre un compte régulier et fidèle, et tel qui, poussant jusqu'à Versailles ou Fontainebleau à la suite de la Cour, omettait d'en faire sa déclaration, était immédiatement écroué.

Parfois même, tant il était de mauvaise foi, il retenait le passeport de tel ou tel de ses administrés pour le mettre dans l'impossibilité d'obtenir une autorisation de séjour, et le faisait incarcérer pour n'avoir point de permis. C'est ce dont l'accusait Elie Worms, de Sarlouis, en 1750. Sous-entrepreneur des hôpitaux militaires de France à Egra, en Bohême, il était à Paris pour suivre au Bureau des vivres une instance qu'il avait contre les entrepreneurs généraux. Legrand garda son passeport et le fit mener en prison. Quand Worms fut élargi, il se plaignit vivement au lieutenant de police, assurant qu'il n'était « sorte de tourments et de vexations » qu'il n'ait éprouvés et qu'il n'éprouvât encore de la part de l'exempt. Et connaissant l'individu, il qualifiait nettement de « mercenaires » les vues « de cet officier avide ».

Le « règne » de Legrand fut en effet pour les Juifs une époque de véritables souffrances. C'est à lui qu'on dut l'Ordonnance rigoureuse de 1750. Mais il ne se signala pas seulement par son extrême dureté, il commit aussi d'effrontées exactions. Bien avant cela déjà, il s'était fait remarquer dans plusieurs circonstances par son âpreté au gain et son indélicatesse.

A peine avait-il pris possession de son poste qu'il gémit sur l'insuffisance de ses revenus. Chaque ordre du roi valait son salaire, et parmi les ressources qu'il tirait de son emploi, cet officier attendait de l'exécution de ces prises de corps le plus clair de ses bénéfices. On pense s'il négligea d'y apporter du zèle et du dévouement. Aussi se plaignit-il au magistrat du tort que lui causaient les décisions de simple police rendues contre les Juifs, et lui demanda-t-il « de ne plus les faire arrester que de l'ordre du roy ». Ces décisions ne lui rapportaient rien, diminuaient d'autant le produit de sa charge, et il avait tant de dépenses pour « être instruit journellement de ce qui concernait les Juifs » ! « Monsieur » pouvait faire cela pour lui.

Sa probité ne fut pas moins suspecte.

Daniel Cespedez, Juif d'Amsterdam, se trouvait à

Paris en 1749 pour y recueillir une somme d'argent
que lui devait l'ambassadeur de Portugal, Dom Luis
da Cunha. Il n'avait point de passeport, allait et venait sans déclaration : il fut arrêté. Legrand, en opé-
rant la capture, prit et emporta une épée qu'il avait
trouvée dans le logement de son prisonnier. Mis en
liberté, Cespedez va conter la chose au ministre. Le
secrétaire de M. de Puyseulx s'en étonne et demande
des explications. Legrand lui répond en termes polis
qu'il n'a pas de compte à lui rendre, et se tournant
vers le magistrat, il lui dit pour se disculper : « preuve
évidente que ça n'a pas été l'envie d'en profiter qui
m'en a fait emparer, elle n'est que de cuivre argen-
tée » ! L'officier avait eu le temps sans doute de
s'éclairer : il fallut néanmoins près de trois semaines
à Cespedez pour rentrer en possession de son bien.

Mais bientôt ces timides essais ne suffirent plus à
sa cupidité. Il pensa pouvoir tirer meilleur parti des
Juifs, et battit monnaie de ses fonctions. Connaissant les ressources de ceux qu'il avait à surveiller, il
résolut d'augmenter sa fortune à leurs dépens, et
exigea régulièrement une contribution de chaque individu, soit en argent, soit en marchandises. Les
Juifs n'osent point résister à celui qui peut à volonté
les protéger ou leur nuire ; et lui, conscient de sa
force, les tient sans pudeur à sa merci. Tous sont
en quelque sorte redevables d'une taxe personnelle :
il accorde ses faveurs, sa protection aux plus offrants
et il frappe sans pitié ceux qui ont la témérité de résister à ses exorbitantes prétentions. Le poste d'inspecteur de police devient le fief de Legrand, et les
Juifs sont ses humbles cerfs.

Nous avons déjà conté par le menu ce pénible épi-
sode de l'existence des Juifs à Paris au dix-huitième
siècle (1).

Encouragés par Assure Mayer, facteur de l'Élec-

---

(1) Voyez les Juifs de Paris sous Louis XV, p. 17 et suiv.

teur de Cologne, qui avait eu tant à souffrir des poursuites de l'Inspecteur de police, et par Bernard de Valabrègue, Interprète du Roi, les Juifs élevèrent des plaintes unanimes. Il fallut les entendre. La culpabilité de Legrand reconnue, il fut révoqué. Cependant M. Berryer avait ordonné une enquête Elle fut confiée à Meunier, Inspecteur de police, qui avait des façons d'homme de lettres. Il fit sur le cas de Legrand, au lieu du rapport demandé, une missive assez prétentieuse d'où il semblait conclure que cet agent avait plutôt reçu des « étrennes » qu'il ne les avait extorquées. La lettre suivante de Moyse Blien, auprès duquel Meunier s'enquit, contredit d'une façon absolue les conclusions qu'on en a tirées (1) et les assertions d'une honnêteté douteuse émises par le policier. Elle est datée de Strasbourg, le 24 janvier 1752 : «... Dans le temps de M. Langlade et de M. Tapin... il n'était jamais en usage d'aucun de mes confrères... de donner quelques étrennes aux dits Inspecteurs de police, mais depuis que M. Legrand est parvenu au poste, il a tant inquiété les Juifs et leur a fait tant de chicanes de toutes sortes de façon, qu'ils se sont enfin déterminés de luy donner annuellement quelque chose pour se procurer le repos ; il n'a jamais eu un denier de moy, il a tâché de me faire changer les sentiments par des menaces qu'il m'a fait faire sous mains tierces, même jusqu'à demander de moy de venir toujours lui annoncer quand je partirai de Paris pour Versailles, mais je lui ai toujours répondu que je suis au service du Roy, par conséquence je n'étais pas soumis à tout cela, ainsi il ne pouvoit rien obtenir de moy... »

Tel était l'homme qui se vantait auprès de M. Berryer d'avoir donné des « preuves non équivoques » de sa « probité » et qui traitait les Juifs de « canailles à qui on ne devrait point ajouter foy. »

---

(1) *Revue rétrospective* du 1er octobre 1892.

Les Juifs de Paris, délivrés de la lourde oppression qui pesait sur eux depuis plus de trois ans, furent placés, au commencement de l'année 1752, sous la surveillance de l'inspecteur Dumont. La leçon infligée à Legrand ne fut pas perdue pour ses successeurs, et sa conduite, donnant à réfléchir au lieutenant général de police, devait l'inspirer mieux dans le choix des officiers chargés de ces délicates fonctions.

Dumont se montra sévère dans l'application des règlements, mais il n'employa pas à l'égard de la « nation » les moyens violents dont Legrand, Tapin et Langlade même, avaient été coutumiers. Une fois cependant il la traita assez vivement : il est vrai que son amour-propre était en jeu. Depuis un an qu'il était en fonctions, il avait fourni plusieurs états de Juifs, et nul encore n'avait été arrêté pour ne s'être pas conformé aux règlements. Il y avait de quoi décourager les plus vaillantes ardeurs ! « Pourquoy je vous supplie, disait-il au magistrat, de vouloir bien en faire arrêter plusieurs pour l'exemple. » M. Berryer lui donna par la suite toute satisfaction à ce sujet.

Dumont, dont la santé était chancelante, supportait mal la tâche qu'il avait acceptée, et faisait retomber tout le poids de ses souffrances physiques sur ceux qu'il avait à surveiller. Rien ne l'irritait comme de savoir que les Juifs venaient, délogeaient ou quittaient Paris sans en faire leur déclaration. « Dès l'instant qu'ils arrivent en cette ville, se sont fait enregistrer et ont déclaré que c'est pour faire le commerce de bijouterie ou clincaillerie, ils se croient à l'abry de tout et ne font aucune démarche pour avoir un passeport. » Ne se décideront-ils pas à se conformer aux Ordonnances ? Et à chaque infraction, il propose le même remède : « Faire un exemple pour contenir les autres. »

Mais ils ne se corrigeaient point. Désespérant alors d'inspirer aux Juifs le respect de sa volonté, il en présenta ses « observations » au lieutenant de police et les fit suivre d'un ensemble de décisions destinées à « maintenir » le peuple juif « dans l'ordre et la police ».

A l'appui de ces « observations », Dumont fournit plusieurs états au lieutenant général. Déjà Legrand avait communiqué, tous les mois, l'état des Juifs à Paris ; mais, sauf une liste d'une dizaine de noms, datée du 25 avril 1749, ses états ne figurent pas dans les Archives de la Bastille (1). Dumont, lui, avait quelque raison de faire valoir ses services. Il était passé maître dans l'art de grouper les observations qu'il pouvait avoir à faire sur les Juifs. Il en fit des *états* qui, par leur netteté dans l'appréciation, par leur vigueur concise, devaient vivement frapper l'esprit du magistrat. Ces états étaient consacrés aux Juifs qui se trouvaient à Paris sans passeport et qu'il considérait comme « totalement inutiles dans cette ville ». Les Archives de la Bastille nous en ont conservé quatre. Ils sont datés du 2 novembre 1752, et des 15 février, 12 octobre et 31 décembre 1753.

Dumont mourut bientôt. Il disparaissait au moment où, par une réaction naturelle, les bureaux de police, las sans doute de cette guerre sans pitié, se relâchaient de leur sévérité à l'égard des Juifs. On sait que Dumont déplorait déjà cette faiblesse ; Buhot, qui lui succéda en 1754, s'en plaignit bien plus encore, en homme désolé de voir le prestige de la police si singulièrement amoindri.

Bien mieux que ses prédécesseurs il connut la situation des Juifs à Paris, leur position et leur conduite. Pendant près de cinq années, de 1755 à 1759,

---

(1) Les Archives du ministère des affaires étrangères contiennent quelques listes d'étrangers arrivés à Paris. Les Juifs y figurent pour les années 1742, 1743 et 1744. Sont-ce là les *états* de Legrand, communiqués tous les mois au Ministre et qui seraient restés dans ses bureaux ? Nous posons la question sans la résoudre. Ces listes sont d'ailleurs sans intérêt.

tous les semestres exactement, il dressa un état de ceux qui se trouvaient dans la ville. Ces listes mentionnent leurs demeures, leurs pays d'origine, les motifs qui les amenaient à Paris, les délais de leur séjour, et des observations sur leur conduite : tout cela fait avec un soin minutieux, un souci réel de la régularité et de la ponctualité (1).

Buhot nous apparaît en effet plutôt comme un bureaucrate pénétré de ses devoirs que comme un policier ardent. Il s'afflige des « abus » dont les Juifs sont coupables à ses yeux ; mais il n'y met pas de colère, et il ne les constate que pour chercher à y remédier.

Si, en certaines occasions, il malmena assez vivement ceux qui ne se soumettaient pas à la règle, il le fit sans emportement et sans haine. Parfois cependant l'impatience le gagne ; les Juifs portugais — les petits maîtres, entre autres — le mettent sur les dents ; les Juifs allemands lui donnent fort à faire ; les uns vont, viennent, quittent la ville, sans en donner avis, restent sans permission à Paris longtemps même après qu'ils ont « déclaré » leur départ ; d'autres se retirent au village de Chaillot pour éviter de se faire enregistrer, et de Chaillot descendent journellement dans Paris « pour y vendre et acheter différentes marchandises ». Tous ces « hébreux », comme Buhot les appelle — et il trouve l'expression si heureuse qu'il ne se lasse pas de la répéter — tous ces « hébreux » sont des *suspects*, des *rouleurs*, des *ambulans*, des *brocanteurs* ou des *escroqs*, et il n'est que temps, si l'on veut avoir raison des « gens de cette nation », de mettre fin à leur « indépendance très répréhensible ». Pour cela, il n'y a que la prison ou Bicêtre ! « Car cet exemple pourra intimider les autres et les obliger de prendre le parti de s'en aller. »

---

(1) Ces états ont été analysés dans notre étude sur les *Juifs de Paris sous Louis XV*, p. 41 et suiv.

Buhot s'y employait de son mieux ; mais ce zèle excessif lui attirait parfois de fâcheuses aventures.

En 1765, le sire de Heusse des Cotes, seigneur de Meizieu, près Grenoble, portait plainte au lieutenant général de police contre Saül Vidal. Ce seigneur, cherchant à se débarrasser d'une tapisserie des Gobelins qui « représentait Abraham et plusieurs autres patriarches », la proposa à Vidal. Celui-ci en fit marché moyennant 1800 à 2000 livres, ou « douze pièces du plus beau Damas des Indes pour faire des ameublemens ». Mais le terme fixé pour le paiement était expiré et Des Cotes n'entendait pas parler de son débiteur.

L'inspecteur de police se mit en chasse. Saül était réfugié au Temple, où Buhot chercha à le « joindre », mais sans succès. Vidal, muni d'un sauf-conduit, était à couvert de sa poursuite.

Ce Vidal n'était pas le premier venu. D'allures élégantes, fort bien vu chez les seigneurs et particulièrement par la Maison de Clermont, il était très protégé par les bureaux du duc de la Vrillière. Il avait été chargé d'affaires pour le service du roi, et, en 1764, avec son frère Israël, il avait eu l'entreprise des fourrages des armées royales.

Cependant, sa sécurité fut bientôt troublée. Sur l'intervention du lieutenant général de police, M. de Choiseul avait donné l'ordre d'exécuter la lettre de cachet et de retirer à Saül le sauf-conduit que lui-même avait délivré. Buhot voulut forcer l'entrée du Temple.

Le Temple, on le sait, était un lieu d'asile où les débiteurs se retiraient pour se soustraire aux rigoureuses poursuites de quelque créancier. Nul ne pouvait s'y réfugier s'il y avait quelque soupçon de fraude dans sa conduite ; mais une fois admis on y était en toute sûreté. Les portes restaient closes devant les exempts ; ils s'y usaient vainement les ongles. Seul, le roi avait le droit d'y faire expédier des ordres d'arrestation, mais ce droit même était entouré de

conditions restrictives. On y menait d'ailleurs une
vie assez facile : témoin ce Juif de Bordeaux, Frans-
cia, qui, d'après ses créanciers, en sortait « tous les
soirs pour aller visiter ses amis et connoissances ».

Le prince de Conti, dont ce lieu privilégié dépendait, se plaignit de Buhot au magistrat et s'indigna
de cette tentative d'infraction à son privilège. Il
n'admettait pas que les ordres du roi pussent « estre
employés à oster à un homme les ressources que luy
procure sa retraite dans le Temple, lorsqu'il n'y a
d'autre reproche à luy faire que d'estre malheureuse-
ment endetté ». Et lors même que le roi jugeait nécessaire d'expédier des ordres de cette sorte, c'était
à lui, prince de Conti, à faire ouvrir les portes, à la
condition toutefois qu'il en fût prévenu d'avance.
C'est ainsi qu'on en usait déjà « à l'égard des Grands
Prieurs de France » qui l'avaient précédé ; et il entendait qu'il n'y fût pas dérogé.

Buhot, mandé par M de Sartines, fournit de cet
incident une justification piteuse, en rejeta sur un
tiers, dont il se disait victime, toute la responsabilité,
et ajouta : « Je scay trop à quel point le Prince de
Conti est jaloux des privilèges du Temple, pour faire
la plus petite chose qui puisse avoir l'air d'y donner
atteinte ». M. de Sartines, obligé de présenter les
excuses de son exempt et les siennes à M. de Conti,
ne montra pas moins d'humilité. Buhot en fut quitte
pour la peur.

Mais cette affaire avait énervé le placide officier, et
les Juifs s'en ressentirent. Il n'y eut pas de semaine
qu'il ne se plaignît de leur conduite ; il déplorait encore en 1769 « l'indulgence » que l'on avait pour « le
peuple de Dieu » ! Mais le temps n'était plus déjà où
les Lieutenants généraux de Police s'inspiraient
aveuglément des avis de leurs inspecteurs, et les
« observations » de Buhot restèrent sans écho.

Buhot fut, à notre connaissance, le dernier agent
spécial chargé de la surveillance des Juifs ; en 1772,

il occupait encore ce poste où ses prédécesseurs avaient marqué leur passage par tant de mesures iniques et cruelles envers les Juifs.

Etranger au mouvement dont l'action rénovatrice se faisait déjà puissamment sentir, il continuait, impassible, ses rapports, ses observations, ses états. Il est le dernier représentant des traditions de la vieille école de Police où les Langlade, les Tapin, les Legrand s'étaient signalés par leur tyrannique oppression. Dans sa conception austère, mais étroite du devoir, il semble ne point voir les progrès énormes qu'accomplissent les idées de liberté et de tolérance; il poursuit son œuvre de persécution, et les Juifs de Paris qui, depuis un siècle s'épuisent en vains efforts pour gravir les degrés de l'échelle sociale, restent confondus sous la surveillance de la police avec les empiriques, les vagabonds et les escrocs.

CHAPITRE III

VIE ET MŒURS DES JUIFS

Les Juifs de Paris ne méritaient pas cette indignité. Rien, ni dans leur conduite ni dans leurs mœurs, ne justifiait ces humiliantes rigueurs ni l'opinion détestable qu'on se faisait d'eux, que des préjugés avaient fait naître et que les préjugés perpétuaient.

Ils étaient payés pour en connaître la terrible portée. Est-ce que depuis des siècles leur liberté, leurs biens, leur vie, n'en étaient pas le gage constant ?

Partout où ils posaient le pied, ils sentaient que le sol vacillait sous leurs pas, et ce n'est qu'en tremblant qu'ils osaient avancer. A quels actes de lâcheté ces préjugés portaient parfois les hommes ! Un procureur quelconque, nommé Chêne, avait pendant plusieurs années « suivi les affaires contentieuses » de Samuel Lévi. Ne s'avisa-t-il pas, au moment où ce Juif avait le plus grand besoin de son aide, d'offrir au magistrat de cesser son « ministère » si M. d'Ombreval « n'en approuvait la continuation » ?

Aussi les Juifs, qui sentaient ce qu'il y avait de précaire dans leur situation, craignaient-ils tout ce qui pouvait l'ébranler plus encore. Instinctivement, ils fuyaient les hommes. Habitués aux plus affligeantes mortifications, ils avaient conscience de leur abaissement. Nathan de Morhange di-ait en 1727 d'un bourgeois de Metz qu'on voulait faire passer pour son domestique : « Caritas est un bon bourgeois qui ne voudrait pas s'avilir jusqu'à être valet de chambre d'un Juif ». Ils se plaçaient d'eux-mêmes au niveau des pires citoyens, bien qu'ils sussent que l'on était trop enclin déjà à les confondre avec eux.

Ainsi ils avaient de préférence choisi pour y loger les quartiers populeux de Paris. Ils y vivaient sous l'œil inquisiteur de la police, mais conseillés, aidés, protégés, par les principaux chefs de leurs synagogues. La création du poste de syndics des Communautés juives ne date que de 1755. Les synagogues allemande, avignonnaise et portugaise, eurent chacune leur syndic. Jacob Rodrigues Péreire, qui fut un des Juifs les plus distingués de cette époque, occupait ces fonctions en 1769 sous le titre d'«agent de la nation portugaise à Paris ».

Dès le commencement du XVIIIe siècle, les Juifs s'étaient groupés, réunis dans des quartiers spéciaux, comme prêts à se donner en cas de besoin une mutuelle et prompte assistance. Exclus de la société, ils ne pouvaient vivre qu'en dehors d'elle, et se mêler à la partie la plus malsaine de la population. On leur faisait un crime de cette promiscuité et l'on n'aurait pas hésité à les rejeter dans ces repaires, s'ils avaient essayé trop ouvertement d'en sortir.

C'est dans les quartiers Saint-Martin et Saint-Denis, où les rues étaient tortues et fangeuses, pleines d'ombre et de tristesse, que résidaient les Juifs dénommés Allemands, originaires d'Alsace, de Lorraine et d'Allemagne ; ceux de Bordeaux, d'Avignon, de Bayonne, qu'on appelait les Juifs Espagnols et Portugais, plus fiers et plus forts en même temps des privilèges dont ils jouissaient dans la Guyenne, vivaient séparés de leurs frères de la tribu de Juda pour laquelle ils n'avaient que du dédain ; ils s'étaient dirigés de l'autre côté de l'eau, dans les quartiers Saint-Germain et Saint-André, où la vie était plus large, et où la compagnie, plus relevée, cadrait mieux avec leurs goûts de luxe et d'expansion.

Les uns et les autres formaient, dans chacun de ces centres, un groupe distinct et défini. La police favorisait ce classement. Rien n'était plus commode

pour elle. Chaque fois qu'elle avait un renseigne-
ment à prendre ou un Juif à saisir, elle opérait une
battue, et si parfois la poursuite se prolongeait (1),
il était rare qu'elle fût sans succès.

Ce qui rendait ses recherches plus faciles encore,
c'est qu'ils logeaient tous en garni, soit dans des hô-
tels, soit dans des maisons où les boutiquiers,
louant en meublé, devaient faire connaître les
Juifs qu'ils recevaient. Cependant un Juif de Metz,
Louis Lévy, avait pris, vers 1720, rue Hautefeuille et
plus tard rue Thévenot, un appartement « où il estoit
dans ses meubles ». Il habitait Paris depuis plus de
six ans. Mais le loyer lui avait été trop à charge et il
avait dû vendre ses meubles « pour en faire de
l'argent ». Celui-là même avait été, à la même
époque, propriétaire d'une maison de campagne entre
Soissons et Laon.

Mais c'était là une véritable exception, et l'on comprend que les Juifs aient eu quelque répugnance à faire
l'acquisition d'un bien que la confiscation, l'exil ou
la prison, pouvait chaque jour les exposer à perdre.

Une saisie exécutée en 1724 donnera une idée de ce
qu'était l'intérieur d'un Juif à cette époque. Cette
saisie avait été opérée contre Jacob Worms, Banquier de Metz. Il demeurait alors rue Darnetal, au
Chariot d'Or. Son logis, situé au premier étage et
composé de trois pièces, était spacieux si on le com-
pare aux misérables chambres garnies que les Juifs
occupaient à cette époque. Worms, financier important, était munitionnaire des armées du Roi depuis 1700. Il disait en 1729 que sa fidélité et sa droiture « lui avaient de tout temps, même jusqu'à la fin
de l'opération du *Système*, procuré un bien assez
considérable pour un particulier qui scavoit borner
ses désirs et préférer une conduite irréprochable aux
fortunes les plus éclatantes ».

____

(1) **Voy**. *Les Juifs de Paris sous Louis XV*, p. 31-38.

La simplicité de son logement répondait à la simplicité de ses goûts. La première pièce, servant d'antichambre sans doute, contenait peu de meubles : un grand cabinet de bois plaqué, une commode, « une petite table en pied de biche servant à jouer » et un « miroir de glace ». La chambre à côté, plus spacieuse, mieux ornée, était la chambre à coucher de Worms. Son lit ne fut point saisi « pour satisfaire à l'ordonnance ». Les meubles, plus élégants, étaient de bois de violette ou de noyer, plaqués de cuivres et de dorures, de même qu' « une petite table servante d'écritoire ». Les panneaux étaient cachés par des « portraits de Cour », des gravures figurant Louis XIV et Louis XV. Un grand tableau s'étalait dans « sa bordure de bois doré », représentant « le sacrifice de Moïse ». Sur la cheminée, à côté d'une « pendule sonnante faite par Merlin », un « chandellier à huit branches », — seul objet rappelant que le logis était occupé par un Juif. Un passage, qui conduisait d'une pièce à l'autre, était occupé par un lit dont le « tour » était « de serge verte bordé aurore » ; et dans la dernière chambre, fort petite, se trouvait également « un petit lit en tombeau garni ». Point d'autre luxe dans cet appartement que des rideaux de toile et de mousseline blanche, des sièges couverts de vieille moquette, de tapisseries à l'aiguille ou de damas cramoisi, et des tapisseries, plus ou moins « anciennes », de haute-lisse ou ornées de bandes au point de Hongrie. Rien n'y décélait, on le voit, la situation relativement importante du locataire, sauf peut-être la cuisine qui était largement pourvue d'ustensiles de ménage, de vaisselle d'étain et de cuivres rouges et jaunes. Evidemment Jacob Worms, qui habitait là avec sa femme Sarah-Lucy, soupait régulièrement chez lui.

Cela était rare chez les Juifs à cette époque. Bien peu, en effet, en raison des entraves qu'on mettait à leur séjour à Paris, se décidaient à y amener leurs familles. Il leur fallait donc aller à l'auberge. Mais « suivant leur loy » il ne leur était pas permis d'y manger de la viande. Ils firent venir de Metz et d'Allemagne des « bouchers » qui furent chargés de « tuer et accommoder les viandes » selon leur rite. Jacob Worms en eut un pour son service particulier. En 1746, Michel Prague fut envoyé à Bicêtre parce que, voulant s'associer avec la femme de Benjamin pour établir une boucherie, il faisait concurrence à Bernard, le protégé de Tapin.

Des «auberges» juives furent ouvertes, dès 1721. On trouve à cette époque des Juifs installés à Paris pour « donner à manger à leurs camarades ». Ce commerce devait être fort lucratif, car souvent il n'y avait pas moins de deux ou trois de ces trafiquants à la fois. A un moment même, du temps de Tapin, le métier était presque tout entier entre les mains de femmes juives qui se faisaient une grande concurrence.

Quelques-uns avaient un établissement important d'autres se contentaient d'installer leur auberge dans une chambre. Tous étaient assez mal vus de la police ; mais ces derniers surtout, accusés « de fournir des filles de mauvaise vie » ou de donner retraite « à tout ce qu'il y a de vagabonds et de libertins parmy les Juifs étrangers », étaient pourchassés avec la plus extrême rigueur.

La police prétendait encore que ces réunions servaient à former des assemblées de prières. Il n'est pas impossible en effet que les Juifs aient usé de ce moyen pour accomplir en commun leurs devoirs religieux sans éveiller de soupçons. Ils n'y arrivaient qu'avec peine. Ils étaient obligés de se cacher pour prier.

Mais la police, malgré toutes les précautions prises, découvrait ces « espèces de Synagogues » et les signalait au magistrat comme contraires aux ordres du Roi, surtout quand elles avaient « quelque sorte d'appareil ». Telle était celle qu'en 1722 Jonas Weill fut accusé de tenir « les vendredy jusqu'au samedy »; il s'y rendait, disait-on, trente à quarante personnes « par la commodité qu'elles avaient tout ensemble d'y manger et d'y exercer leur religion ». Telle était encore celle que la veuve Benjamin était soupçonnée d'avoir, bien que les Juifs, au dire de Tapin, y tinssent assemblée « plutôt pour libertinage que pour prier Dieu ». Telle fut enfin celle que Jacob Worms tenait secrètement en 1725, et qu'une dénonciation dût révéler à la police, car malgré la perquisition minutieuse opérée dans son logis, un an auparavant, elle ne s'était point doutée qu'il y eût rien de semblable chez lui.

La réunion de Worms fut surprise pendant les fêtes de Pâque, alors que les Juifs étaient en prières. Le lieutenant général de police fit irruption dans la pièce avec l'inspecteur Langlade, et sur leurs ordres tous les objets du culte furent confisqués ou foulés aux pieds, brisés et saccagés, les Juifs arrêtés et plus tard relégués. Les livres d'hébreu, les « tables de Moyse », les ornements sacrés, fournis par Jacob Worms qui, dans cette assemblée, faisait « les fonctions de Rabbin », furent déposés à la Bibliothèque du Roi; ils y étaient encore en 1746.

Mais ce « procès-verbal d'une Synagogue de Juifs » est un document trop curieux pour que nous n'en donnions pas la partie essentielle :

« L'an mil sept cent vingt-cinq, le samedy 31 de mars neuf heures du matin, Nous Nicolas Jean Baptiste Ravot, Chev. Seig^r Con^{er} du Roy en ses Cons., Maître des Requestes ordinaire de son hôtel, Cons^{er} d'honneur en la Cour aes Aydes, lieutenant général de police de la ville, Prevosté et vicomté de Paris, sur l'avis à nous donné que dans une chambre au premier étage du corps de logis entre les deux cours de la maison du Chariot d'Or, rüe Darnetal, il y avait actuellement plusieurs Juifs qui s'y étoient assemblés et y tenoient leur Synagogue, nous nous y sommes à l'instant transportés où nous avons trouvé le Sʳ Langlade, officier du guet, qui nous auroit indiqué lad. Chambre et dit qu'il était entré en icelle et avait vu plusieurs Juifs vêtus d'habits blancs servant à la cérémonie judaïque; et étant entrés dans lad. Chambre, nous y avons trouvé seize ou quinze juifs, que lad. Chambre était préparée pour tenir lad. Synagogue, qu'elle étoit tapissée et autour d'icelle plusieurs plaques de fer blanc à mettre des cierges ; qu'il y avoit des planches en forme de pupitre, et au milieu d'icelle Chambre une table couverte d'un tapis de laine à gros point travailé à l'éguille, sur laquelle étoient les vêtements et plusieurs livres propres à la cérémonie des Juifs qu'ils vouloient faire ;

« Qu'au milieu de lad. Chambre pendoit un lustre de cuivre doré à six branches chargé de bougies, et près de la fenêtre sur un bas d'armoire étoit une petite armoire à deux battants de bois de merisier que les Juifs nomment tabernacle, dans laquelle s'est trouvée deux tables de la Loy judaïque écrite sur velin en lettres hebraïques, l'une couverte de velours vert brodé en or et en argent, et l'autre d'étoffe de soie bordée d'un ruban jaune et argent, lesd. deux tables roulées chacune sur deux bâtons, et à lad. première tenoit une petite main d'argent massif, comme aussy s'est trouvé un sac de toile peinte dans lequel étoient deux ceintures de cuir ;

« Et attendu que ces sortes d'assemblées sont illicites et deffendües par les Ordᶜᵉˢ du Roy, nous avons en notre présence fait casser et briser lesd. pupitres, plaques, lustre, tables et guéridons, et fait enlever lad. armoire prétendüe Tabernacle, dans laquelle sont lesd. tables de la Loy judaïque, ensemble cinq livres écrits en hébreu et vêtements trouvés sur lad. table et porter en notre hôtel ;

« Et pour la contravention commise par lesd. Juifs

aux ordres du Roy, nous avons ordonné au Sr Langlade de conduire es prisons du For-l'Evêque les
nommés Abraham Dalimbourg, Anchel May, Alexandre Alphen, Emanuel Japhet, et Ory et de les écroüer
de l'ordre du Roy..... »

Les Juifs, on le voit, conservaient très vive leur
foi religieuse. Quand l'époque de leurs fêtes approchait, c'était un spectacle touchant de voir tous ceux
qui en avaient la possibilité s'acheminer vers leur
pays d'origine. C'était comme un exode, exode
volontaire et pieux. Les enfants, éloignés du foyer
paternel, considéraient comme un saint devoir d'aller,
aux jours les plus solennels de la vie religieuse,
demander aux vieux parents qu'ils ne reverraient
plus peut-être, la bénédiction qui donne la force, la
résignation et le courage.

Vraiment, on ne peut qu'admirer la vaillante fer-
meté avec laquelle, à cette époque si dure pour eux,
ils observaient et revendiquaient le droit d'observer
leur culte. Dès que le Sabbath approchait, toute affaire
cessait et était remise à la semaine suivante. « Ils
convoquent demain, disait-on, la Sinagogue ou le
Sabba » Point de travail, point d'écriture, le samedi.
Dès le vendredi ils déclaraient ne pouvoir plus rien
faire, à cause de leur religion.

En prison même, les Juifs renonçaient difficilement
à l'observance des prescriptions religieuses. Nous
avons déjà dit les souffrances qu'avait endurées
Jacob Baccarat dont la piété, revêtant la forme d'une
ardente exaltation religieuse, ne se démentit pas un
moment pendant les trois années que dura sa détention à la Bastille (1).

Mais Baccarat était prisonnier d'Etat, mis au secret
le plus absolu, et l'on peut attribuer à l'isolement
ou à l'abandon ces sentiments d'opiniâtre dévotion.

____

(1) Voy. *Les Juifs de Paris sous Louis XV*, p. 33.

Au Fort-l'Evêque et au Châtelet — où l'on se montrait moins rigoureux envers les prisonniers — les Juifs n'étaient pas animés d'un zèle moins pieux.

Tel, comme Jacob Worms, demande qu'on lui rende « les livres, les tables de Moïse, et autres choses qui luy ont été enlevées concernant l'exercice de sa religion » ; car « il a d'autant plus d'intérest à recourir à Dieu qu'il a plus besoin de son secours dans la captivité où il est réduit ». Tel autre, comme Mayer de Vienne, demande ses livres de prières, afin que dans son « désastre » il ne soit pas privé de « remplir les devoirs de sa religion » ; et il supplie qu'on lui permette de recevoir de ses *confrères* « du pain et de la viande pour célébrer la Pasque ».

Les Juifs faisaient plus encore. Quand ils en avaient les moyens, ils demandaient à garder auprès d'eux des domestiques juifs, tant « pour l'apprêt des victuailles » qu' « à cause des cérémonies légales » auxquelles la religion les obligeait. On le leur concédait d'ordinaire, mais il arrivait aussi que leur requête était rejetée.

C'est ce qui advint en 1725 à Samuel Lévi, Juif de Metz, bien qu'il fût détenu depuis de longs mois au Fort-l'Evêque, malade et sans secours. Il avait deux domestiques pour vaquer à ses affaires du dehors et un cuisinier pour lui apprêter son « manger », qui ne pouvait « être accommodé que par ceux de sa nation, sa loy judaïque luy deffendant comme crime d'en manger de tout autre main, de se servir même d'aucuns ustensiles de cuisine que de ceux qui servent à sa nation ». Un jour, on interdit à ses gens l'accès de la prison.

Samuel fit appel de cette décision au lieutenant général de Police. Comment « pourrai-je me faire faire à manger les vendredys et samedys ? s'écriait-il. Votre Grandeur scait qu'il ne nous est pas permis de toucher ni feu, ni lumière. » Il demanda donc

3.

qu'on lui accordât la grâce faite à d'autres et qu'on laissât à ses deux domestiques la liberté de le servir. Il ne l'obtint pas. Il prit alors un petit garçon chrétien auquel il donna cinq sols par jour pour faire ses commissions en ville. Langlade lui vint immédiatement notifier l'ordre de s'en défaire. Samuel Lévi se fâcha. « C'est périr mes affaires que de me priver de ce petit secours, après qu'on a arrêté et relégué le domestique juif que j'avais... Comment veut-on que je fasse, soit pour mes commissions, soit même pour me préparer, le vendredy et samedy, ma nourriture puisqu'il m'est deffendu par la Loy de toucher du feu, même d'y mettre quelque chose... On s'attache à me chagriner jusques en la moindre chose... »

Et il pousse alors ce cri de détresse, émouvante protestation contre tant d'intolérance: « L'ordre porte qu'on ne veut pas qu'aucun chrétien serve aucun Juif... Comment veut-on que l'on fasse, puisque l'on chasse tous les domestiques juifs? C'est ce qui ne se pratique dans aucune partie de l'Europe, même au delà... »

Un M. Millain intervint alors auprès de M. Ravot d'Ombreval, et « en sa considération » on consentit à ce que Samuel gardât son domestique chrétien. Mais c'était là une exception, une véritable exception, car « l'on n'a point souffert jusqu'à présent que les Juifs aient des domestiques chrétiens, dans la crainte qu'ils ne les fissent changer de religion »! Ainsi cette interdiction, prononcée par les Conciles, était encore observée au XVIIIe siècle : le chrétien qui servait un Juif s'exposait à un châtiment sévère, s'il ne pouvait se prévaloir de l'autorisation du clergé.

A la suite d'une dénonciation anonyme, la police arrêta, en 1726, la nommée Marie Béquiat, fe Bourbelain, dite Manon. Elle était accusée « d'avoir esté en habitudes avec Samuel Lévy juif, son maître », et d'avoir eu deux enfants de lui. Elle fut menée à la

Salpêtrière. Là, on lui fit subir un interrogatoire. Elle nia formellement les faits. C'était une calomnie, et elle le prouverait en se soumettant à la visite de tels médecins et chirurgiens qu'il plairait au lieutenant de police d'ordonner. Sa protestation pouvait être sincère; mais pourquoi avait-elle « préféré de servir Samuel Lévy, Juif, à quelque bon bourgeois catholique? » Elle dut se justifier. Elle n'avait nullement « préféré cette condition à celle d'un bourgeois catholique ». Elle se trouvait sur le pavé et mourait de faim lorsqu'elle entra chez Lévy où elle avait été placée par la f^e Royer « dont l'occupation principale est de placer des laquais et des servantes ». Elle ne savait même pas alors que c'était un Juif; elle ne l'apprit que deux jours après; et comme elle sentait sa conscience hésitante, elle s'en fut consulter le Père sacristain des Petites Augustines. Celui-ci la tranquillisa : « pourvu qu'elle fît bien ses devoirs de catholique, elle pouvait rester dans cette condition... »; et comme rien ne l'avait « empêchée de faire son devoir de catholique », elle avait continué de servir Samuel Lévy « comme une domestique a coutume de faire ».

L'intolérance s'étendait plus loin encore, et malgré les progrès considérables de la civilisation, le XVIIIe siècle n'avait pas encore dépouillé les préjugés grossiers du Moyen âge. L'accusation de suppression d'enfant ne s'était pas encore produite; elle fut nettement portée en 1757.

Moreau, Procureur du Roi, écrivait au lieutenant de police, le 22 octobre, que rue Poupée, à l'hôtel St-Pierre, paroisse St-Séverin, une jeune fille de vingt-deux ans, nommée Marguerite, venait de mettre au monde un enfant, et que cet enfant provenait « des œuvres de MM. Paul au nombre de trois qui sont des Juifs ». Les Paul, disait le Procureur, occupaient dans le même hôtel, au même étage, des chambres contiguës à celle de Marguerite. Ces Juifs, qui avaient eu « souvent fréquentation avec elle », l'avaient séduite. Cela ne faisait doute pour personne : ils étaient bien trois; on les avait vus; tous les locataires étaient prêts à en témoigner. Mais ce qu'il y avait de grave, c'est que « dans la nuit de l'accouchement » toutes les personnes de la maison entendirent le nouveau-né « jeter des cris forcez ». M. Bourdin, Rap^r des saisies et scellés au Châtelet de Melun, habitant l'hôtel, en avait été frappé, lui-même. Quelle pouvait être la cause des gémissements d'un enfant de cet âge? Il n'y avait pas d'erreur possible : lesdits Paul l'avaient « circoncis ». Mais ce qui donnait à cette affaire une portée extraordinaire, c'est que, depuis, cet enfant avait disparu « sans qu'on ait seü ce qu'il était devenu ».

Le procureur du roi promit de ne rien négliger pour « approfondir la vérité de ces faits », car ils mériteraient « toute l'attention de la justice » si, d'après ce qu'on soupçonnait, lad. Marguerite était catholique!

Circoncision, rapt d'un enfant chrétien! c'était sérieux, en effet!

Buhot, chargé de l'enquête, fit son rapport le 26 octobre 1757. Il se montra sceptique. Rien ne lui paraissait « clair » dans cette affaire. D'abord, disait-il, « il est d'usage parmi les Juifs de ne circoncire qu'au bout de six semaines, et il faut que ce soit un Juif qui ait le caractère de le faire, et il n'y en a point pour le présent à Paris qui en ait le pouvoir ». Et puis — il fallait bien tout dire — de quels Paul s'agissait-il? De Jacob de Paul père et fils? Ils demeuraient, non pas rue Poupée, mais rue St-André-des-Arts. De Lange de Paul? Mais il était absent de Paris depuis le 8 décembre 1754. Il y a donc lieu de croire, disait malicieusement Buhot en concluant, que les Paul ont eu « peu de part » à la grossesse de Marguerite.

Cette accusation stupide dut être abandonnée, mais les préjugés étaient multiples et vivaces autant dans la population que dans la police, ils devaient être pour la nation juive la cause de bien des vexations.

Les Juifs avaient naturellement des mœurs austères.

Les femmes gardaient dans toute sa pureté la religion du foyer et de la famille, cette intégrité de la foi conjugale, que les plus hostiles aux Juifs ont de tous temps données en exemple aux femmes chrétiennes. Elles étaient, dans le cours régulier de la vie, une gloire pour leurs maris, leurs fils, leurs pères, et, dans toutes les épreuves qu'ils avaient à subir, leur consolation et leur force. Aussi dans ce mélange de Juifs de toutes les conditions et de toutes les origines, n'en trouve t-on pas une qui ait été un déshonneur pour eux.

A vraiment parler deux filles eurent, pendant toute cette période du xviiie siècle, une conduite dont la honte faillit rejaillir sur leurs coreligionnaires. Aussi ceux-ci furent-ils tous d'accord pour demander leur relégation (1). Une autre fut mise à Bicêtre. C'était une nommée Catherine Koëll (Cohen probablement) qui, au service de Salomon Lévy, détourna son maître de ses devoirs. Il se ruina pour elle, et s'expatria. Elle alla expier sa « débauche » à l'Hôpital.

Pour les Juifs, c'était autre chose. Jeunes, au sang chaud, au tempérament ardent, ils n'avaient pu résister longtemps aux tentations faciles que leur offrait la Capitale Quelque discrétion qu'ils y missent, la police, qui avait intérêt à tout connaître, souleva plus d'une fois le voile dont ils couvraient

---

(1) Voy. *les Juifs de Paris sous Louis XV*, p. 42-43.

leurs humaines escapades. Elle s'indignait, criait au libertinage, poussait des exclamations d'horreur, et pour rompre ce « commerce odieux », on conduisait le Juif téméraire en prison et à l'Hôpital sa complice. Ainsi évitait-on un « grand crime ».

Avoir « des habitudes » avec une catholique, ce n'était pas seulement, pour un Juif, contraire à la morale, c'était aussi, d'après les officiers du guet, en opposition formelle avec « sa religion et les lois du pays ». Ne lui défendaient-elles pas ce commerce « sous peine d'être brûlé » ? Aussi le clergé, qui d'ordinaire ne se montrait pas très difficile sur les catéchumènes, refusa-t-il en 1727, à un Juif qui demandait le baptême, de continuer à s'occuper de lui, parce qu'il était « depuis très longtemps en mauvais commerce avec une chrétienne ».

La perspective du bûcher n'effrayait pas les Juifs outre mesure. Lorsque « le Petit Cahen », en 1760, disputait les plus jolies femmes aux grands seigneurs, il prouvait que, même au prix des flammes éternelles, il n'était pas fâché de mordre au fruit défendu. Si dans l'ensemble les Juifs restaient les religieux gardiens des mœurs sévères et pures qu'on s'était plu à admirer depuis longtemps chez leurs ancêtres, il s'en trouva qui éprouvèrent quelque douceur à en rompre l'austérité.

A vrai dire, les relations qu'ils avaient avec les seigneurs et les dames de qualité n'y avaient pas peu contribué. Des idées de vanité et d'ostentation s'étaient éveillées en eux au contact de la noblesse. On se laissa anoblir, sans grande résistance. Leurs noms se prêtaient au surplus à cette petite métamorphose, fort à la mode à une époque où l'anoblissement suppléait à toutes les qualités, à toutes les vertus. Raphaël de Léon, Bernard de Valabrègue, Nathan de Morhange, Elie de Perpignan — et combien d'autres ! — , désignés pour plus de facilité sous le nom de la ville dont ils étaient originaires, n'avaient pas ambitionné cette façon de gentilhommerie qui leur avait été bénévo-

lement octroyée par la Police. Ils l'acceptèrent. Il
semblait qu'en s'élevant de la sorte au-dessus de la
bourgeoisie et du peuple, ils devaient gagner plus
aisément leur estime, et se rapprocher en même
temps de la noblesse qui, dans des vues diverses,
s'était plus d'une fois rapprochée d'eux.

C'est évidemment à cette pensée qu'obéissait Mayer
de Vienne, joaillier de la Reine en 1727, lorsqu'il se
faisait appeler « de Vienne » tout court, et signait ses
lettres de ce nom. La Police rehaussa par le même
procédé le nom de Mandel de Vienne. Salomon Lévy,
qui eut en 1723 une affaire d'argent en a-sociation
avec la Princesse de Rohan, recevait sa correspon-
dance au nom de

Monsieur

Monsieur de Lévy

rue Traversière, quartier St-Roch
au Roy Charlemagne, chez Mde Grognet

Paris.

Enfin un « négociant et Banquier à Paris », Louis
Lévy. était devenu en 1722 « Louis de Lévy ». Il
portait l'épée. Son intimité avec « Mlle Rameau, fille
de l'Opéra » l'obligeait, il est vrai, à quelque représen-
tation. Il ne lui fallait pas moins pour paraître dignement devant la valetaille de sa Dame, quand il se
rendait au cul-de sac des Pères de l'Oratoire, où
elle logeait, pour « boire et manger » avec elle.

Certes, un *beau nom* n'était pas à dédaigner.
Quelques-uns pensèrent pourtant que cette satisfaction d'amour-propre était bien faible. Pourquoi ne
pas ajouter à cette nouvelle noblesse une dignité
propre à flatter l'orgueil, et à frapper de respect les
bourgeois et les vilains ? C'est ce que pensèrent deux
Juifs d'Avignon qui, en passe de conversion au catholicisme, imaginèrent en même temps de convertir

leur nom. L'un, Aron Dalpuget, se fit appeler M. d'A-
roniche, et l'autre, Israel Dalpuget, M. le marquis
d'Albuche. Noms de comédie, qui avaient au moins
le mérite de ne pas sentir le roussi.

Mais ce n'était pas tout que de se parer du titre
d'homme de qualité. Assurément les gens du commun
y étaient sensibles ; mais ils n'y croyaient d'habitude
qu'autant que le costume y pouvait honnêtement
répondre. Des haillons imposèrent-ils jamais l'estime
et la considération ? Peu à peu alors quelques jeunes
gens, les « libertins », les « coureurs de mauvais
lieux », tous ces « mauvais sujets » qui « entrete-
naient des filles », attirés par la richesse et l'élé-
gance des grands seigneurs, se façonnèrent à
leurs manières. On se mit « en conseiller », on porta
des talons rouges et des « plumets » ; on endossa
« l'habit à boutonnières d'or ou d'argent » et « la
veste galonnée » ; puis « le chapeau sous le bras »,
l'épée et le couteau de chasse au côté, on s'en fut
sur les promenades ou dans les ruelles « jouer le
rolle de fat ». On passa petit-maître.

Porter l'épée ! Il ne dut pas y avoir pour les Juifs
de plus grande jouissance ! Quelle revanche du mépris de tous ! Quel triomphe de tant de dédains, de
misères et de persécutions ! Leur costume les rehaus-
sait dans l'estime d'eux-mêmes ; l'épée les faisait les
égaux des hommes. Qui donc s'étonnera que, ne
pouvant vaincre les préjugés par la sévérité de leurs
mœurs, un labeur assidu, une humilité désespérante,
ils aient cru trouver par là le moyen d'en avoir plus
facilement raison ? Il y avait certainement en eux
quelque chose de ce sentiment, à côté de la vanité et
de la gloriole qui pouvaient les guider.

Dès 1752, les Juifs formèrent tout un groupe de
petits-maîtres qui remplirent Paris de leurs bruyan-
tes équipées. Les Juifs allemands y comptaient pour
peu et faisaient bande à part. C'étaient Godchaux,

de Nancy, le protégé de la duchesse d'Orléans, qui passait au Temple une partie de son existence; et plus tard, sous M. de Sartines, Lévy de Metz dont le frère était protégé par le Comte de Saint-Florentin. Les Juifs espagnols et portugais, naturellement plus brillants, enclins à toutes les élégances, plus raffinés, aux manières insinuantes, à la langue facile, composaient presque entièrement cette bande de « mauvais sujets ». Ils étaient au moins une vingtaine que l'amour des « vêtements magnifiques » et du port d'armes avait peu à peu gagnés : les Dalpuget, les Astruc, les Joseph Petit, les Paul, les Daguilar, tous de Bordeaux, avaient été les premiers dans cette voie nouvelle; les Ravel d'Avignon s'étaient joints à eux; puis étaient survenus Cespédès, d'Amsterdam, Elie de Perpignan, Saül et Israel Vidal, et ce de Souza qui, à lui seul, défiait tous les Anglais à Paris, au moment où la France était en lutte avec l'Angleterre. On peut imaginer l'irritation que ces jeunes fous causèrent à la police, si l'on songe que les Dalpuget étaient six, tous frères ou cousins, plus endiablés les uns que les autres ; que le groupe comptait cinq Astruc et trois Ravel dont la passion des grandeurs et des plaisirs ne le cédait en rien à celle des Dalpuget

Tous étaient des hommes jeunes, actifs, vigoureux, ardents au travail, et à qui leur commerce de banque, de bijouterie, de soieries ou de dorures, donnait un premier et solide vernis. C'était une nouvelle génération qui s'élevait, plus hardie et aussi plus sociable que celle qui, depuis quarante ans, perdue dans les bas-fonds de la population parisienne, se laissait intimider par la police, par ses menaces et par ses rigueurs. Nos petits-maîtres ne s'effrayaient plus guère de tout cela; ils avaient instinctivement conscience qu'un changement s'opérait dans la vie du peuple de France, et qu'on ne pendrait plus les Juifs, entre deux chiens, à la porte d'une Synagogue. La prison et l'exil pou-

vaient interrompre leurs joyeuses menées ; mais y
mettre fin, non pas. Aussi quelle que fût la rigueur
des lois à cet égard, ils ne voulaient point renoncer
à l'épée, marque de noblesse. L'un d'eux, Salomon
Astruc, avait demandé à l'officier, comme une faveur, de garder son couteau de chasse pour « finir
quelques affaires » restées en suspens ; et comme
on lui intimait l'ordre de se conformer aux décisions
du magistrat, il répondit « qu'il quitteroit plutôt Paris que de ne point porter l'épée et le couteau de
chasse ». Un autre, Jacob Dalpuget, « homme vain »,
disait Buhot, encourageait ses enfants et petits-
enfants dans leur désobéissance à la Police, parce
qu'il considérait le port d'armes comme un « privilège » appartenant à sa famille, « à l'exclusion des
autres Juifs ».

Les Inspecteurs, indignés de cette audacieuse
indépendance, s'efforçaient de la réprimer ; mais malgré les ordres sévères qui leur étaient donnés, ils
n'avaient pas facilement raison de ces nouveaux
grands seigneurs. Buhot passa une partie du temps
que dura sa charge à leur faire la chasse. Cela lui
valut de fâcheuses aventures.

Passant sur le Pont Neuf — c'était en septembre
1755 — il rencontra Moyse Astruc, Juif de Bordeaux,
qu'il reconnut pour être venu le matin chez lui faire
la déclaration de son arrivée. Ce soir-là, Moyse portait
l'épée et le couteau de chasse. Buhot l'appelle et lui
communique les ordres du magistrat. Comme Moyse
s'était approché laissant à quelque distance « un
particulier », l'exempt lui demanda le nom de son ami.
C'était Semach David Dalpuget. Quoi ! Celui-là même
qui était exilé, à Paris ! Buhot en restait confondu.
Il lui fit signe de venir lui parler, le fit monter dans
son carrosse, lui reprocha sa désobéissance, et comme
Semach lui répondait « fort cavalièrement », l'officier lui signifia qu'il eût à le suivre, d'ordre du Roi.

Dalpuget déclara qu'il n'en ferait rien et en même temps, « aidé de son camarade », il se saisit de la portière, sauta en bas du carosse et se sauva. Buhot put le retenir encore « par son habit de camelot brun », mais pas assez fortement toutefois, car de son prisonnier il ne lui res'a entre les mains que « la moitié » de son habit « dans les poches de laquelle moitié il y avait un portefeuille contenant plusieurs papiers ».

L'exempt s'en fut chez le commissaire Chênu porter son triste trophée, il lui conta sa mésaventure, en fit dresser procès-verbal, et tous deux, mélancoliquement, se mirent à apposer les scellés tant sur le pan de camelot que sur le portefeuille de Dalpuget. Buhot ne put, de longtemps, oublier cette mésaventure.

D'ailleurs, il jouait de malheur avec ses administrés. Nous avons conté les ennuis qu'il eut plusieurs fois à leur sujet et que sa maladresse occasionna ; il faillit un jour être tué en duel par l'un d'eux.

Les Juifs qui portaient l'épée devaient être naturellement tentés de s'en servir. A quoi bon une arme rivée au fourreau ? S'ils éprouvaient quelque chose de la joie exubérante qui pousse l'enfant à dégaîner le sabre qu'on lui donne en jouet, ils obéissaient aussi à un sentiment plus noble. Ils commençaient à n'ê ire plus ces êtres humbles, soumis, qui courbaient honteusement la tête sous le geste ou l'outrage. Les « magnifiques vêtements » et le port de l'épée, en leur rendant conscience de leur dignité d'hommes, élevaient leur âme et fortifiaient leur cœur. Ce fut entre eux d'abord qu'ils firent l'épreuve de leur vaillance. Fort heureusement, les Portugais avaient la tête prompte mais non mauvaise, et les épées rentrèrent au fourreau aussi pures qu'elles en avaient été tirées.

Salomon Ravel, Israel Dalpuget, Salomon et Moyse Astruc étaient, parmi ces preux chevaliers, les plus ardents au combat. La querelle prenait naissance au café, s'envenimait, et devenait tout à coup si vive qu'on la vidait sans retard, l'épée à la main, sur le pont St-Michel, ou rue St-André-des-Arts, « au coin de celle de Mâcon », à deux pas de leur logis. Souvent le cliquetis des épées attirait le guet ; nos gentilshommes rengaînaient rapidement, mais pas assez vite toutefois pour que quelqu'un d'entre eux ne restât entre ses mains. Celui-là, payant alors sa fière attitude de quelques jours de prison, pouvait faire dans sa retraite d'amères réflexions sur le courage méconnu.

Moyse Astruc semblait être un homme terrible. Cependant il n'avait rien du spadassin. Agé d'une trentaine d'années, grand et maigre, il avait une fort bonne tournure dans son « habit de camelot complet brun glacé » que relevaient « des boutons plats de fil d'argent ». Son visage mat, particulier au Juif oriental, et qu'encadrait une chevelure noire, ne manquait ni de charme ni d'expression, malgré des yeux un peu petits. La « bonne éducation » qu'il avait reçue, pas plus que sa « sincère honnêteté », ne pouvaient faire croire à des instincts bien sanguinaires. « Tête légère, mais point de vice », disait de lui Mme Lecour de Malon, sa protectrice. C'est pourtant lui qui, en 1761, faillit priver pour toujours la police des précieux services de Buhot.

En passant sur le Pont St-Michel à trois heures de l'après-midi, l'exempt rencontra Astruc, l'épée au côté, sur la porte du café Dauphin. Buhot s'approcha de lui et lui demanda pourquoi, après avoir été arrêté une fois déjà comme ayant contrevenu aux ordres du magistrat, il continuait à porter l'épée et le couteau de chasse malgré la défense qui lui en avait été faite? Astruc lui répondit d'un ton menaçant : « Allez vous faire f....; je n'ay point de compte à vous rendre ; laissez-moi tranquille ». Cette réponse, faite « hautement en présence d'une vingtaine de Juifs », indigna Buhot, qui déjà se sentait « suivi d'une populace nombreuse ». Il fit donc « de nouvelles représentations à Moyse tout en l'accompagnant jusqu'auprès de l'Eglise St-Séverin ». Mais Astruc, supportant mal l'apostrophe et l'insistance de Buhot, laissa éclater toute sa mauvaise humeur et lui cria : « F...-moy le camp, J... F...; ou je te f... mon épée au travers du corps ! »

Ses menaces furent bientôt suivies d'effet et le malheureux se porta sur Buhot l'épée haute. Surpris par cette brusque attaque, l'exempt se jeta de côté, tira son arme et fut assez heureux pour pouvoir parer les premières bottes. Le duel s'engagea alors, et continuait assez nerveux de part et d'autre, lorsqu'un exempt de robe courte, Hébert, attiré par le bruit des épées, s'approcha et, reconnaissant Buhot, lui prêta main forte. Astruc fondit alors sur lui ; mais Hébert et l'Inspecteur unissant leurs efforts, poursuivirent vigoureusement leur adversaire jusqu'au cloître St-Benoît. Astruc, se sentant perdu, rompit et se réfugia dans une maison attenante à l'église. Hébert, fier de sa victoire, s'était emparé de la porte cochère ; il s'écria « qu'il était aisé de l'avoir », qu'il fallait envoyer chercher la garde, un commissaire, etc. Mais Buhot, qui connaissait ses Juifs, répondit avec assurance « qu'il scauroit bien l'avoir chez lui » ; et jugeant inutile de l'arrêter dans cette maison, remercia l'exempt de son assistance et se retira.

L'affaire était grave. Elle ne touchait pas seulement Moyse Astruc ; elle pouvait encore avoir les suites les plus funestes pour les Juifs de Paris. Buhot et Hébert prétendaient en effet dans leurs rapports que « plusieurs jeunes gens de cette nation, indociles, libertins et naturellement séditieux », avaient « formé le complot » d'agir comme Astruc lorsqu'on se présenterait pour les arrêter.

Le lieutenant de Police, furieux de cette aventure, proposa au comte de Saint-Florentin les plus rigoureuses mesures. Il fut d'abord question de délivrer un « ordre général » pour autoriser Buhot à arrêter tous les Juifs qu'il trouverait portant l'épée. Puis la décision fut jugée insuffisante. L'exempt a été « vivement insulté » ; il y a sédition ; seule une Ordonnance du roi, affichée à tous les carrefours, pouvait réparer l'injure, assujettir les Juifs à la règle et les contenir. Quant à Astruc, ordre fut donné de le mener à Bicêtre : « il le mérite bien », ajouta M. de Sartines.

Mais Astruc s'était enfui. On le cherche à Rouen, à Orléans, à Tours, à Lyon, à Bordeaux. On envoie son signalement de tous côtés. Pendant ce temps Mme Lecour de Malon, qui s'intéressait à lui dans des vues religieuses, intervient en sa faveur, appelle à l'aide la Sœur de Bethisy, Abbesse de Panthemont, apprend la retraite de son protégé et, sur les conseils de « M. de Paradis », secrétaire à la Police, obtient de lui qu'il se constitue prisonnier. Astruc, se rendant à merci, fut au Petit-Châtelet où on l'écroua. Quinze jours s'étaient écoulés ; l'irritation causée par ce duel audacieux s'était calmée ; on lui épargna Bicêtre. Un mois après il était relâché.

Cet incident qui, un instant, avait pris de si grandes proportions n'eut pas d'autre suite, et les petits-maîtres continuèrent à promener leur épée et leurs talons rouges sur le pavé de Paris.

CHAPITRE IV

MŒURS DU TEMPS

Ces « petits Juifs » se trouvaient merveilleusement à l'aise dans leur nouvel état; mais leur exemple fut peu suivi. Ils faisaient exception dans la « nation ». Les Juifs, pris dans leur ensemble, ne demandaient que l'obscure tranquillité, avides de sécurité et de travail. Si, parmi ceux qui venaient à Paris, il s'en trouva qui ne furent pas exempts de reproches, combien d'autres conquirent l'estime et souvent même la considération! Et vraiment ils y avaient grand mérite, car au contact de cette société du XVIII siècle, où les notions les plus pures étaient perverties, on pouvait dire, en dépit de défaillances passagères, qu'ils gardaient intacts ces sentiments traditionnels de religion et de famille qui avaient fait jusque là leur force et leur honneur.

C'est même un spectacle à la fois piquant et d'une moralité instructive que la façon dont ils étaient traités par ceux-là mêmes qui auraient dû être les derniers à s'en plaindre. Chacun, à l'exemple des policiers, se faisait juge de leurs actes et de leur conduite, condamnant impitoyablement en eux ce qu'il se gardait bien d' trouver répréhensible pour lui-même.

«Les Juifs ne sont pas des gens qu'on doive ménager, disait le sire de Heusse des Cotes. Ils ne méritent aucun égard. Ils ne sont pas citoyens dans l'Etat...», et pour tout dire en un mot, « ce sont des usuriers par état, par système, par religion..... »

Usuriers! le mot était bien vite dit, et on ne se lassait pas de le redire. C'était chose si naturelle d'accuser les Juifs de brocantage et d'usure! Peu importaient les conditions dans lesquelles ils vivaient, les entraves mises à leur commerce, l'exclusion prononcée contre eux dans toutes les corporations de métiers, et qui les contraignait aux basses professions! Quelque indigne qu'on fût, c'était eux les parias, les misérables, les voleurs. Usuriers, cela disait tout. Ce que ce mot résumait de mépris, de jalousie, de haine, le long martyrologe des Juifs pouvait seul le rappeler.

Mais qu'étaient-ils eux-mêmes ceux qui couvraient les Juifs d'un pareil opprobre?

On a trop souvent dépeint les mœurs du XVIII° siècle, la dépravation dans laquelle la Société était tombée, et les passions violentes qui l'agitaient sous une apparence souriante et pleine de grâce, pour que après tant d'autres nous refassions ce tableau. Maisons princières, noblesse de robe ou d'épée, bourgeois, négociants, soldats, fonctionnaires publics, tout était déréglé, tout était perverti. Law était arrivé à l'heure favorable. — A son appel, les sentiments les plus mauvais de la nature humaine s'étaient éveillés : la fureur du jeu et de l'enrichissement, la cupidité, l'âpre recherche des jouissances promptes, s'étaient données un libre cours, et toute la société parisienne s'était jetée à sa suite dans les spéculations les plus folles. L'année 1719, disait un Juif de cette époque, « fut l'année des enchantements en laquelle la fureur des négociations fut une maladie dont personne ne s'exempta ».

Les conséquences de ce déplorable entraînement se firent sentir durant tout le XVIII° siècle. Les uns, qui s'épouvantaient de la ruine et de la misère, se dépouillèrent de tout, bijoux, nippes, hardes, souvenirs et joyaux de famille, pour soutenir leur rang ou entretenir un luxe vain ; les autres, qui avaient pris goût à l'agiotage, se lancèrent dans des affaires d'argent, des entreprises commerciales, pour réparer les brèches faites à leur fortune ou augmenter leur bien.

En ce pressant besoin d'argent, on se tourna vers quiconque pouvait avoir une apparence de fortune ; on s'adressa au Juif, entre tous autres ; on le prit pour courtier ; on se l'associa ; on fut de moitié dans ses combinaisons. Il ne put résister ni aux flatteries des grands, ni aux sollicitations des petits. Il lui sembla que les barrières morales et matérielles qui le séparaient de la Société allaient tomber tout d'un coup. On fit tout pour lui en donner l'illusion. On le ménage, on le caresse, on le choie ; « tout Juif qu'il est » on le proclame « honnête homme ». On spécule avec lui — et sur lui —, quitte à le traiter d'« indigne voleur », lorsque survient la mauvaise fortune.

Quel cortège étrange que celui que les Archives de la lieutenance générale de Police font défiler devant nos yeux ! Nobles et manants, bourgeois et dames de qualité, valets et seigneurs, se coudoient, se heurtent à la porte des marchands d'argent, pour avoir quelque avance, ou solliciter un prêt qu'on court jeter dans la fournaise du banquier anglais. Mais ce n'est plus déjà la rue Quincampoix avec ses enthousiasmes, ses espérances et son vaste horizon doré. La foule s'est éclaircie, la confiance s'est ébranlée ; les plus prudents, commençant à *réaliser*, ont donné l'alarme, tandis que — plus téméraires ou plus aveugles — les autres hésitent, ne croyant pas à une catastrophe imminente.

Tels, le marquis et la marquise de Créquy. Moins heureux que le duc de Bourbon, ils tentèrent un dernier effort pour relever leur fortune compromise. Ne faut-il pas violenter le sort ? Ils recoururent dans ce but à Nathan de Morhange et lui donnèrent pour nantissement « la toilette complète de Madame pour en avoir une somme proportionnée à ce qu'elle a coûté ». Et le grand miroir à bordure de marquetterie, le coffre à poudre, les boîtes à mouches, les flambeaux, objets d'argent ciselé qui venaient des premiers « orfeures », les dentelles d'Angleterre, les bordures de velours et d'or qui sortaient de chez le grand faiseur, tout passe aux mains du prêteur sur gages.

En revanche, c'est à un Juif de rien, un petit Juif de Mantoue, abandonné par son maître sur le pavé de Paris, qu'une « comtesse de l'Empire », Mme de Montecuculli, épouse du sieur comte de Lamberg, va emprunter 200 liv., et lui donne pour sûreté une robe de chambre or et argent et six chemises de toile de Hollande. Et voici venir derrière elle, clamant contre Nathan de Morhange qui s'est « absenté », tout un groupe de joueurs malheureux, la dame du Bourg, la dame Le Prince, la dame Soumestre, les sieurs Girard, de Montigny, Joly, Lonnat, Michel, Samson, Pinot et Cornette. Ils ont confié à ce Juif des bijoux et des effets pour en faire de l'argent ou des billets, « dont la valeur excède plus d'un million ». Ils sont ruinés.

C'est que le « Système » s'était écroulé, semant la désolation dans bien des familles. Un Juif, Mayer-Lyon Schuabe, disait en 1723 : « l'année 1720, dès le commencement de février, dissipa les enchantements et fit cesser les prestiges ». Law en effet s'est enfui, et à tous les rêves brillants qu'il a fait naître a succédé la triste réalité : la mise en gages, la vente des objets les plus précieux, l'emprunt urgent avec sa suite de misères et de plaintes douloureuses. La foi des contrats est bannie, disait Montesquieu, les plus saintes conventions sont anéanties, toutes les lois des familles renversées. Toutes les classes sont frappées par ce bouleversement des fortunes et des conditions. Tandis que le comte de Bielke, envoyé de Suède, et le duc de Saint-Aignan, engagent leurs plus riches joyaux; que le comte d'Aunay vend sa vaisselle d'argent « armoriée de ses armes » et l'orfèvrerie « armoriée des armes de feu Monsieur le maréchal de Vauban », un marchand de bois, un « M° Marbreyer » avec une petite bague qu'il vient d'acheter à crédit, un « intéressé ez affaires du Roy », André Rambaud de Saint-Maur, Receveur des amendes de la Connétablie, un capitaine au régiment de Condé, apportent tour à tour au creuset chez Salomon Lévy, de l'argenterie et des bijoux, reliefs de leurs biens.

Mais ce n'était pas seulement pour être à même de s'enrichir avec Law qu'on recourait au Juif. Chacun se laissait gagner par la dépravation dont la Cour avait donné le signal. On avait un désir âpre de jouissances, comme si l'on avait craint que ces jouissances fussent sans lendemain. D'un bout à l'autre de ce XVIIIe siècle, la société, a-t-on dit, fut aussi follement cynique dans la pensée que dans la conduite. Pour mener cette vie, il faut de l'argent. Le Juif en a. N'en a-t-il pas toujours? Alors on se glisse vers lui. Amant, ambitieux, pauvre, riche, chacun tend la main avec un sourire. Le Juif connaît cette crispation de la lèvre que la passion fait humble ou hautaine, selon les circonstances. Il prête néanmoins — c'est son métier — et s'il fait le méchant, la Police n'est-elle pas là pour protéger les *honnêtes gens* contre l'*usurier*? Aussi chacun use du Juif.

Ici, c'est le secrétaire de M. l'Intendant de Languedoc qui demande qu'on l'aide à « sortir d'un engagement d'honneur » ; c'est l'ambassadeur de Cologne, J.-D. Waldor, qui supplie le magistrat de songer à ses « petits intérêts » ; le comte de Terny, ci-devant intendant des armées du roi, et M. de Versel, lieutenant des gardes du corps, qui sont engagés dans des combinaisons usuraires ; c'est Roucyre, commissaire des guerres, et « le S^r » Desudreaux des Isles, « Juge d'Aix en Limosin », qui voudraient « troquer » contre espèces leurs montres et leurs chaînes d'or; c'est encore Jacques-Anne Duplessis, chevalier seigneur de Certemont, ancien commandant pour le roi du Fort Pinson, chevalier de l'ordre royal et militaire de Saint-Louis, qui trafique de ses titres pour en imposer au trafiquant d'écus. Là, c'est un « jeune homme de famille », M. de Vigny, auditeur des Comptes, qui, pour mener folle vie, escompte chez Nathan de Morhange l'héritage paternel; en même temps que le Suisse de la princesse d'Armagnac, l'intendant de Mme la Dauphine et l'intendant du marquis de Nesles, frappent à l'huis du Juif pour « trouver l'argent » que nécessitent « les affaires dont ils sont chargés ».

Les femmes, poussées à leur tour par la même nécessité, réduites au rôle de quémandeuses par la cupidité, l'ambition, l'orgueil ou l'amour, recourent, elles aussi, au marchand d'argent.

Une demoiselle de Longchamps met en gage son « manteau d'écarlate varobesse », une « chemise de femme » et « un livre de prières couvert de chagrin rouge, écrit au burin avec des estampes magnifiques ». La duchesse de Villequier se défait de deux diamants de conséquence ; la duchesse d'Olonne de ses bijoux ; la marquise de Chabanais de ses bagues; la duchesse de Lamarque, princesse d'Armagnac, engage pour 1,200 livres une de ses robes de chambre ; la marquise d'Hudécourt et Mme de la Motte de Montauban abandonnent un à un les effets de leurs garde-robes.

On n'avait que mépris pour les Juifs et pour ces allures basses qu'on leur imposait; mais on allait à eux tout de même, on les recherchait, on trafiquait avec eux, ayant comme une superstitieuse confiance en leur décision, en leur sagacité. Nul ne trouvait cette promiscuité indigne pourvu qu'elle fût de gros rapport. Témoin la maison de Clermont qui avait des intérêts considérables dans une fourniture d'armée faite par Israël et Saül Vidal en 1772; on prétendait même qu'ils n'étaient que ses « prête-noms ». Témoin Marie-Henriette-Claire Adam, veuve de Jean de Prévost, Escuyer, seigneur de Bourdenotte, cy-devant trésorier général des Ambassadeurs qui traitait régulièrement avec Louis Lévy ; le comte d'Hudécourt, capitaine au régiment de Lenoncourt, de Lanne de Sombreval, bourgeois de Paris, Melchior, soutfleur à la Comédie italienne, tous, en 1779, créanciers de Jacob Worms ; le comte de Grancey « et sa maison », le comte de Cambise, le Receveur des tailles de l'Election de Paris, qui poursuivaient avec acharnement Samuel Lévy avec lequel ils étaient en compte.

Marie-Catherine de Montholon, douairière de feu M. de Chazot, en son vivant Président à mortier au Parlement de Metz, ne s'avisa-t-elle pas, comme créancière d'Abraham Worms, décédé en 1755, de réclamer la malle du mort pour se payer de sa créance ?

Parfois cependant les rôles étaient renversés, et dans ces associations d'aventure on ne pouvait pas toujours crier sus au Juif.

Nous ne savons à cet égard rien de plus saisissant que le cas de la marquise de Monteval de Saint-Vaudelin. Joseph Astruc, Juif de Bordeaux, condamné à l'exil, avait reçu en 1753 l'ordre de quitter Paris. Ses intérêts l'obligeaient à y rester. La marquise, qui était sa débitrice, dut intercéder pour lui auprès du magistrat. « Je lui dois et ne peux le payer que sous quinze jours », écrivait-elle. S'il part, elle devra s'acquitter sans retard. Elle demandait donc un délai pour lui. Et en son langage fruste et incorrect, elle ajoutait : « Y ne peut me donner que ce que vous lui donnerai ». On accorda le délai. Il fut insuffisant. Dix jours après elle revenait à la charge. « J'ai eu l'honneur d'aller chez vous hier pour avoir celuy de vous faire ma cour », écrivait-elle encore au lieutenant de police ; donnez à mon créancier un nouveau délai : « C'est à moi à qui vous l'accorderez en accordant grâce à cet homme ».

Quelle déchéance morale ! et quelle revanche de tant d'humiliations que cet aveu de compromission d'une grande dame avec un Juif !

4.

Mais aussi quelle explosion de haine quand la débâcle survenait! Moyse Cahen, Juif de Metz, fit banqueroute au mois de mai 1725. Ah! les beaux cris que cela provoqua dans la haute noblesse! La comtesse de Melun, qui y était prise, ne décolérait pas. « Indigne voleur!... fripon!... » Ses amis sont joués comme elle : M. de la Billarderie, mareschal des camps et armées du Roi, « l'aîné et le cadet »; puis le comte de Bragelonne, et M. Poucher, Mᶜ des Requestes, et M. Dumaine, lieutenant-colonel du régiment de Touraine, et la comtesse de Vassé : la liste est complète, dressée de sa main, et remise au magistrat. Les gens de religion même n'ont pas été épargnés par ce Juif : les Dames Abbesses de Conflans comptent en effet parmi ses victimes!

Mais il n'en ira pas ainsi. La comtesse de Melun prend l'affaire en mains; elle entend y mettre bon ordre. La voilà sur les chemins, traînant à sa suite son époux éploré; elle va, vient, se démène, court de la rue des Tournelles où elle loge, à l'hôtel du lieutenant de Police, de la prévôté au Fort l'Evêque, et de la prison à la place Royale. Elle veut voir ce Cahen; ah! la rencontre sera terrible! Elle en appelle au magistrat et, au nom des créanciers, demande « que le secret soit levé » en leur faveur. Ne faut-il pas qu'ils puissent « luy parler quand ils le jugeront à propos pour leurs affaires » ?

La permission fut accordée : c'est tout ce que nous savons de la suite de cette affaire. Il est probable cependant que Moyse s'arrangea avec ses créanciers et que l'irritation de la comtesse de Melun se calma. Mais qu'était-elle allée s'acoquiner à cette pendable engeance? Et, la partie perdue, que n'imita-t-elle la dignité et la discrétion de la princesse de Rohan?

Il est vrai que la comtesse de Melun avait en cette compagnie perdu une partie de sa fortune, tandis que la princesse de Rohan y gagna cent cinquante mille livres. Un fort joli pot de vin. Voici dans quelles circonstances.

A la suite de l'effondrement du Système, la compagnie des Indes, qui avait subi le contre-coup de ce désastre financier, chercha à relever son papier. Ses actions, dans ce mouvement fou qui avait emporté le peuple tout entier vers l'agiotage, s'étaient éparpillées, avaient, par une dépréciation continue, passé des mains des premiers détenteurs aux mains d'un nombre considérable de porteurs, et restaient comme en jachère dans leurs portefeuilles. Il s'agissait de les grouper de nouveau et, par un procédé ingénieux, de rendre à la fois à la Compagnie son crédit fortement compromis et à son papier sa valeur première. On décida de remplacer les actions réelles par des certificats d'actions liquidées. Quoique cette mesure eût été prise secrètement, le bruit se répandit vite « que les certificats de liquidation d'actions qui auroient changé de mains par les négociations à vil prix seroient soumis a un nouveau visà ».

Quelques « particuliers » imaginèrent alors que, s'ils pouvaient trouver « quelques protections » pour faire convertir plusieurs milliers d'actions en certificats de liquidation avant qu'on les délivrât sur la place, il y aurait presque une fortune à gagner. Ces « particuliers » étaient Vaudenet, citoyen de Genève, Joachim de la Chapelle, bourgeois de la ville de Soleure, Salomon Lévi, Juif de Metz, Jean-François de Choudens, citoyen de Genève, Samuel Lévy, frère de Salomon, Charles Caton, de Milan, Antoine Baudun, Escuyer, sʳ de Malmaison, Henri Lantelme, citoyen de Genève, et Jean Fontaine, marchand établi dans la même ville. Tous, banquiers ou gens familiarisés de longue date avec les choses d'argent, ils se formèrent en société. Mais ils n'étaient en réalité que les metteurs en œuvre de financiers plus importants du marché de Paris, comme la Pommeraye et de Corcelle, ou d'hommes influents, comme le conseiller La Dagrée de Farcy, président au Parlement de Rennes.

C'était à lui, à ses instances, que Salomon et Samuel Lévy devaient de faire partie de cette combinaison.

La Compagnie, formée aux premiers jours du mois d'avril 1723, avait — avant même de rédiger le contrat qui devait lier ses membres entr'eux — trouvé le protecteur dont elle avait besoin. Ce protecteur n'était autre que la princesse de Rohan. Elle avait accueilli avec un vif intérêt les ouvertures qui lui avaient été faites ; elle s'engagea à fond dans l'affaire. Son crédit puissant devait en assurer le succès. La princesse, appréciant la valeur des engagements qu'elle avait pris, ne trompa point les espérances de la Société. Elle obtint, comme il avait été convenu, « la délivrance de plusieurs milliers d'actions pour des certificats de liquidation », qui furent répandues et négociées sur la place quelques jours avant qu'il en fût délivré au public.

L'association devenait ainsi maîtresse absolue de la place.

Le marché de Paris s'émut ; les négociants s'effrayèrent ; les effets royaux se discréditèrent ; les actions subirent une baisse considérable ; et le trouble fut tel que l'on crut même — tant l'argent était rare — « que c'était le Roy qui faisait vendre les siennes pour pouvoir payer le prochain dividende ». L'attention de la police fut bientôt mise en éveil. Des jaloux se chargèrent de l'instruire. Plusieurs « négociants » avaient eu avec Mme de Rohan « un pareil traité » qui n'avait point eu son exécution, et, furieux de voir une telle aubaine leur échapper, portèrent plainte, révélant le complot financier dans lequel la Princesse avait trempé les mains.

La police fit une rapide enquête, et, d'un seul coup de filet, arrêta tous les membres de l'association. Cela fut fait si rapidement que Samuel Lévi, protestant contre son incarcération, s'écriait : « L'on m'arrête sans que je sache pourquoy et les fonds d'une personne de la première volée sont pêle-mêle dans un bureau, sans être comptés. Donnez-moi le temps

de mettre ordre ; elle vous en remerciera et vous
répondra de moy et de ma personne ». La princesse
avait pour le moment d'autres soucis. Elle ne fut
point inquiétée, on le pense bien. Mais quelque soin
que l'on mît à sauvegarder son honneur et son nom,
on ne put cacher qu'il lui avait été promis cent cinquante mille livres pour obtenir cette conversion. A
ce moment déjà, elle en avait touché 70,000, et le
gage définitif des services rendus était entre ses
mains.

La Société n'eut pas le temps de réaliser les bénéfices qu'elle espérait. La délivrance générale des
titres n'avait pas tardé en effet à suivre la délivrance
faite au profit de l'association, et ne lui avait laissé
qu'un délai trop court pour en tirer profit. En outre
l'émission publique ayant « égalé le prix de l'action
avec celuy de la liquidation », les banquiers, trompés
dans leurs prévisions, perdirent « considérablement ».
En sorte, disait le rapport adressé au ministre, « qu'il
paraist plus de jalousie de métier dans toute cette
affaire que de réalisé ».

Néanmoins le scandale éclata bientôt, publique-
ment. Tous les détenus furent successivement inter-
rogés par le comte d'Argenson qui, en sa qualité de
lieutenant général de police, avait tenu à les ques-
tionner lui-même. Aucun doute n'était permis. Deux
traités en règle avaient été conclus avec la princesse
de Rohan, l'un par l'intermédiaire de Letourneur,
son fondé de pouvoir, et la marquise de Lunaty, avec
La Pommeraye et de Corcelle, l'autre avec La Dagrée
de Farcy qui y avait associé « les deux Juifs ». Le
rapport de police était très explicite : « L'objet de ces
traités, y était-il dit, a été que Mme de Rohan feroit
délivrer huit mille actions nouvelles, avant qu'il en
parût aucune autre dans le public, moyennant quoy
il luy seroit payé 150,000 livres dont elle a déjà reçu
70,000, et pour les 80,000 restant il luy a été fait un
billet au porteur de cette somme payable au mois de
juin ». Les interrogatoires n'étai nt pas moins nets.

La somme était de bonne prise ; elle fut gardée. Tandis que la princesse de Rohan tirait si avantageusement son épingle du jeu, les deux Juifs — comme de coutume — subissaient les conséquences de cette combinaison où ils n'étaient cependant que des associés secondaires ; on leur attribua le premier rôle en cette affaire. Ne suffisait-il pas qu'ils fussent Juifs pour être accusés de l'avoir menée tout entière ? C'est « Samuel Lévi joint à plusieurs particuliers » qui a imaginé l'opération ; c'est « le Sr Lévy et sa Compagnie » qui ont jeté les actions sur le marché. La débâcle survient : « Ce fait n'intéresse que le Sr Samuel Lévi et sa Compagnie ». Les traités? ils ont été faits, l'un « entre Mme la princesse de Rohan et les Juifs », l'autre « entre les Juifs et M. de Farcy ». Tous : croupiers, agents et courtiers, n'auraient été que des courtiers, agents et croupiers à la dévotion de Samuel et Salomon Lévy.

Tout cela était faux ; et ce qu'on put véridiquement constater, c'est que Samuel était, à l'égard des Lapommeraye, La Chapelle et autres, chargé de « faire les commissions de la princesse de Rohan ». Mais les Juifs, gens éternellement bons à pendre, ne devaient-ils pas payer pour tous ? Ici encore et jusqu'au bout, ils furent les victimes toutes désignées. Enfermés au Fort l'Évêque avec leurs associés, ils étaient, seuls, mis au secret. La police elle-même finit par ne plus les reconnaître l'un de l'autre : figures, prénoms, tout fut confondu ; si bien que trois mois après, lorsque tous ces agioteurs sont mis en liberté, le dossier garde le silence sur le compte des deux Juifs. On voit intervenir en leur faveur Mme de Raguse, un abbé, le ministre Leblanc ; ils intercèdent auprès du lieutenant général de police pour obtenir « sa » liberté.

« Sa » liberté? Il n'y en a donc plus qu'un ? Quel était il ? et comme dans la comédie si connue de Labiche, on est tenté de demander : Est-ce lui ? est-ce l'autre ?

CHAPITRE V

LES PROFESSIONS DES JUIFS

Si les Juifs prenaient une part si active, parfois prépondérante, à ces trafics, c'est — on ne doit pas se lasser de le répéter — que toute industrie régulière leur était interdite et qu'ils étaient fatalement contraints aux besognes les plus viles. On a dit d'eux qu'ils étaient des morts dans l'ordre civil (1); le mot pouvait leur être également appliqué dans l'ordre commercial. Ils n'avaient point de situation légale, point de droit, partant, point de protection sous des lois qu'ils étaient obligés d'enfreindre parce qu'elles prohibaient leur commerce et leur interdisaient tout autre commerce que celui-là même : cercle vicieux, d'où ils cherchaient à sortir, mais en vain. Leur existence était une lutte perpétuelle entre ceux qui leur reprochaient les professions basses que nul autre ne voulait prendre, et ceux qui les rejetaient bien loin lorsque, par un effort suprême, ils tentaient d'aborder un métier honorable.

Un Juif de Fürth, Abraham Oulman, était le 2 décembre 1746 à Paris, où il était venu avec son commis pour y faire le commerce de bronze. Un Juif! le commerce de bronze! Etait-ce admissible? Le colportage et l'usure, oui. Mais le bronze! Un Juif! Les Jurés-Marchands protestent et font saisir les marchandises. Tapin fait son rapport. Ce Juif « fait le commerce de bronze »; cela déjà « le rend très suspect ». Mais ce n'est pas tout : « il vend ces mêmes bronzes au-dessous de la valeur de ce qu'on les vend dans le pays »! Oh! alors! Plus de doute ! « Il faut qu'il les ait volés ou bien qu'il veuille faire banqueroute ». Et il est relégué hors du royaume !

____

(1) L'abbé Joseph Lehmann. — *L'Entrée des Israélites dans la Société française* (Paris 1886).

Ainsi, dès qu'ils abordent un négoce, les corporations se récrient. Ils ne peuvent faire subsister leurs familles « que par le commerce permis à leur nation », et ce commerce leur vaut les plus méprisants outrages. Mais dès qu'un Juif cherche à franchir le cercle étouffant qui lui est tracé, il est honni, vilipendé : c'est un malhonnête homme! Il lui faut vivre cependant, acquitter les impôts — car il en était accablé ,— payer les *étrennes*, pourvoir à des charges sacrées. Que faire alors, sinon s'enfoncer toujours plus dans les trafics parfois déshonorants auxquels leurs pères avaient été déjà condamnés, et que la jalousie, la haine, l'intolérance, ne cessaient de leur imposer ?

En général les Juifs, au point de vue commercial, se partageaient en deux groupes bien distincts.

L'un était composé de brocanteurs ou « ambulans », courtiers, colporteurs, merciers ou fripiers et — comme on disait alors — de marchands de clincaillerie. C'étaient les petits, les tout-à-fait humbles, ceux qu'on voyait arpentant les chemins, quêtant la fortune, toujours minables, tentés par la grande vie de Paris, ses ressources immenses, son dédale de rues étroites où ils pouvaient passer inaperçus, vivre inconnus, heureux de vivre! L'espoir d'y gagner leur pain, si amer qu'il fût, les y faisait demeurer des jours, des semaines, quelquefois des mois. Puis cette tranquillité cessait soudain.

« Qu'a fait celui-ci »? demande le magistrat. — C'est un « ambulant », réplique l'officier. — « Bon pour la prison ». Celui-là? Lyon Cahin, logé rue Saint-Martin. Il est à Paris « pour y faire des affaires pour le régiment des grenadiers de France; il doit partir sous peu de jours ». — Bien. Mais « s'il reste, le mettre en prison ». — Ce troisième? « Il roule les caffés ». — Cet autre? — Il y a une « mauvaise réputation ». — « Les renvoyer de Paris ». —

Celui-ci enfin ? — Alexandre Jacob, de la rue Maubuée ? Marchand de quincailleries. Il n'a pas de passeport ; mais « il n'y a rien de positif contre lui ». Qu'importe ! Chassez-le ! Chassez les autres ! Chassez-les tous !

Ainsi l'ordre d'exil ou d'emprisonnement tombait sur eux, inattendu. Ils courbaient leurs épaules déjà fuyantes, et ils se remettaient en route, Juifs toujours errants, toujours poussés par l'espoir de trouver — avant l'éternel repos — une terre où ils pourraient reposer leurs pieds las, leur corps brisé, leur tête lourde et vacillante. Mais partout l'intolérance, le fanatisme, la brutalité policière, le mépris insultant, les repoussaient jusqu'au fond du ghetto, d'où ils étaient sortis pleins de confiance, et où ils rentraient, reprenant leur place dans l'arrière boutique sombre, recommençant le métier d'usurier et de trafiquant d'écus qu'ils avaient pensé abandonner pour toujours.

Les autres, les moins misérables, ceux pour lesquels le sort se montrait moins rigoureux, entreprenaient les fournitures d'armée ou la remonte de la cavalerie, se faisaient banquiers ou changeurs, ne dédaignant pas, comme on l'a vu, les grandes affaires de prêts sur gages ou d'avances.

Plusieurs de ces entrepreneurs étaient au service du Roi depuis de longues années. Tels Mayer Franck, Alexandre Halphen et David Oulif, de Metz ; Lyon d'Hambourg, Bernard Creutznach, qui fournissait les équipages des officiers des gardes du corps ; Elie Worms, sous-entrepreneur des hôpitaux militaires d'Egra, en Bohême ; Israël et Saül Vidal en 1771, et Joseph de Valabrègue en 1775 ; ils avaient rendu par leur fidélité au pays des services dont maréchaux de camp, seigneurs, princes et lieutenants-généraux rendaient le témoignage.

Quelques-uns, depuis 1681 et 1687, avaient suivi

pas à pas la fortune diverse des armes royales, ces luttes gigantesques où d'abord chaque journée avait été une victoire ; puis ils avaient assisté à toutes ces batailles où Louis XIV, vieilli, aigri, désespéré, espérait toujours rencontrer la gloire des premiers combats, et où la France, hélas! ne trouvait que la ruine, la défaite et le deuil.

D'autres, comme Salomon Lévy, l'associé de la princesse de Rohan, et Jacob Worms, le propriétaire de la synagogue envahie en 1725, avaient, l'un en qualité de munitionnaire général pour l'Italie, et l'autre, dans des missions importantes, fait des avances considérables au Roi et à l'Etat. Ils avaient grand'-peine à faire régler leurs comptes, et quand enfin ils croyaient toucher au but, ils ne percevaient plus que les deux tiers des sommes qui leur étaient dues.

Les caisses de l'Etat étaient toujours vides alors : l'administration payait les fournisseurs en leur donnant des billets à échéance plus ou moins éloignée, et quand le terme fixé arrivait, le papier avait perdu la moitié de sa valeur (1). Des contestations interminables s'élevaient et, portées de tribunal en tribunal, dégénéraient en procès dont les intéressés ne voyaient pas la fin.

Les Juifs, qui ne pouvaient posséder d'immeuble, et dont toute la fortune consistait en « papier », se voyaient alors acculés de toutes parts. Leurs débiteurs, qui trouvaient naturel et juste de tromper un Juif, niaient leurs dettes, et en le fraudant l'accusaient de mauvaise foi. N'avaient-ils pas pour eux l'opinion et la loi? Les créanciers des Juifs prenaient peur à leur tour, se joignaient à la meute de ceux qui criaient pour n'entendre point le cri de leur conscience ; et le Juif, désemparé par toutes ces clameurs, sachant d'ailleurs que ses protestations resteraient vaines, se sentait livré, perdu, sacrifié d'avance aux

____

(1) Ravaisson (François). *Archives de la Bastille*, Paris 1884.

haines, aux déceptions, aux colères de tous. C'était la banqueroute.

Tel fut le sort de bien des banquiers juifs au XVIIIe siècle. Mais alors la banqueroute n'emportait pas avec elle l'ignominie qui s'y attache de nos jours. L'infidélité dans le commerce y était presque naturalisée; les banqueroutes se multipliaient; les débiteurs n'en ressentaient nulle honte, et les créanciers mettaient autant d'indulgence que de promptitude à étouffer ces espèces de larcins (1).

On pense bien cependant que les Juifs n'étaient pas toujours traités avec cette bienveillance. On était d'autant moins indulgent à leur égard que, cédant à un préjugé grossier dont la réalité n'avait jamais pu avoir raison, on leur supposait toujours une fortune bien supérieure à celle qu'ils avaient. Une fois pris et détenus, on les poursuivait avec une rigueur dont on espérait les meilleurs résultats, mais qui finalement tournait au préjudice de leurs persécuteurs; car en privant les Juifs de leur liberté, ils leur rendaient presque impossible le moyen de se libérer.

Parmi les Juifs qui occupèrent une situation prépondérante dans la banque à cette époque, il faut compter Samuel Lévy qui, avec son frère Salomon, fut impliqué dans l'affaire des certificats de liquidation en 1723.

Avant de venir se fixer à Paris, il était établi à Metz où il exerçait en même temps la charge de « trésorier général de son Altesse Royale de Lorraine ». Ces fonctions, qu'il avait dues à ses qualités morales, à sa situation brillante et à son entente des affaires, n'avaient pas été sans influence sur son établissement dans la capitale (2). Il y jouissait d'une grande con-

____

(1) Linguet, *Annales politiques*. (Londres, 1777. T. 1er, p. 79).
(2) Il menait grand train à Metz et s'y était fait bâtir une

sidération qui lui avait valu d'entrer en rapports tant
avec la princesse de Rohan qui lui conserva sa protection, qu'avec des gens de qualité et des maisons
de banque importantes de la place de Paris.

Dans les premiers jours du mois d'octobre 1724, —
à la suite d'une plainte portée contre lui par le comte
de Cambis, on apprit qu'il avait disparu — ou plutôt,
suivant l'expression employée à cette époque — qu'il
s'était « absenté ».

Accusé « d'inexécution d'une négociation qu'il avait
faite avec M. le comte de Cambis », et menacé d'être
mis « en lieu de sûreté », il s'était réfugié à l'hôtel
de Soubise, qui servait de « lieu de retraite ».

C'était l'usage alors, quand un débiteur se trouvait
dans l'embarras, et qu'il ne voulait pas courir le ris-
que d'être arrêté, de « se retirer pour quelques jours »,
le temps de finir l'affaire pour laquelle il était impor-
tuné Il prenait pension secrète dans quelque maison
de connaissance, ou dans un lieu privilégié. L' « absent » prévenait de là les créanciers que cette
« retraite » était momentanée, qu'elle « n'était que
pour l'affaire » en suspens, et qu'il se proposait bien
de revenir « incessamment » chez lui.

Ainsi fit Samuel Lévy, après avoir « consulté ses
amys sur le parti qu'il avait à prendre ». Il poussa
l'attention jusqu'à faire « dire la même chose à son
hôte, à qui il fit remettre en même temps un sac de
mille livres pour la location de son appartement ».

Le comte de Cambis n'était pas homme à attendre la fin de cette « retraite ». Il refusa toutes
les « cautions » ou « seuretés » qu'offrait Samuel

---

maison superbe. Il excita bientôt la jalousie du clergé qui, le
15 septembre 1715, profita du moment où il célébrait «la fête
des Trompettes» pour soulever contre lui la populace, qui pé-
nétra dans sa maison et la pilla. Forcé de faire banqueroute
par suite de ce pillage, Lévi fut arrêté avec sa femme et enfermé à la Conciergerie, où il demeura longtemps. (Carmoly, *Revue orientale*, tome 2, p. 249. — Bruxelles, 1842.)

Lévy, et porta plainte. Le 11 décembre, Lévy fut arrêté et mis au cachot. Il y tomba gravement malade. « Il se meurt », s'écrie M. de Cambis ; « et ce ne seroit pas là le compte de ses créanciers ». Aussi lui, qui entendait tirer raison de son débiteur, mais ne voulait point sa mort, demanda qu'on le mît « dans le préau ». Et il ajoutait : « On me promet merveilles pourveu qu'il sorte du cachot ».

Mais la situation pécuniaire du banquier juif avait tout de suite empiré ; la confiance dont il jouissait s'était subitement ébranlée ; et sa détention lui avait porté le dernier coup en jetant la panique parmi ses créanciers ; ils se mirent à la remorque du comte de Cambis pour préserver leurs droits de toutes déchéances. Les demandes de *recommandation* affluèrent dans le cabinet du magistrat. « Recommander » un débiteur dans la prison où il était détenu, c'était faire valoir son droit parallèlement à celui de l'Etat, dont l'initiative s'était manifestée tout d'abord par une lettre de cachet, sorte de mandat d'arrestation. Lorsque le fait qui avait motivé l'emprisonnement affectait l'intérêt public, l'Etat maintenait sa lettre de cachet ; dans le cas contraire, il se désintéressait de l'affaire, et le créancier se substituait à lui. A partir de ce moment l'ordre du Roi pouvait être levé, le prisonnier n'était mis en liberté qu'il n'y eut mainslevées de toutes recommandations.

On pense avec quelle hâte on se porta « entre les deux guichets » pour y remplir cette importante formalité. La police crut, sinon à « une banqueroute frauduleuse », tout au moins à une « faillite », et, malgré l'assurance qu'il donnait que tous ses débiteurs étaient « nantis », on prétendait que ses dettes s'élevaient à plus d'un million.

Le 23 décembre, en présence des créanciers assemblés, et en l'étude de M⁵ Humblot, procureur du Châtelet, on fit ouvrir la cassette qui contenait ses papiers. Ce fut une surprise. On s'attendait à une situation lamentable. N'avait-on pas prononcé le mot de « ban-

queroute » ? Le nombre des effets trouvés dans les
« boëtes » fut considérable. On en dressa une liste
minutieuse. Les banquiers Legrand et Maniquet,
Chamblin frères, Taxis, receveur des tailles de l'élec-
tion de Paris, comptaient parmi les plus importants
débiteurs de Samuel Lévy. Des Juifs, qui étaient en
relations commerciales avec leur coreligionnaire, y
étaient compris pour une somme assez ronde. On fit
un compte exact de la valeur de ces effets, et tant en
billets qu'en reconnaissances, on en trouva pour
1,247,333 livres. Le passif ne s'élevait qu'à 931,808
livres.

Lévy avait donc raison de dire qu'il y avait « dans
la boëte scellée des effets beaucoup plus que suffi-
sants pour payer tout le monde », sans compter que
plusieurs, parmi ceux qui se signalaient par leur
hostilité, étaient « en nantissement ». La situation
était si nette que presque tous les créanciers, confiants
dans la solidité du crédit de Lévy, se montrèrent disposés à un arrangement. Vingt d'entr'eux, consentant
à sa libération, lui avaient accordé un « sauf conduit
de trois mois » pendant lesquels ils renonçaient à
« faire aucunes poursuites ny contraintes contre luy ».
Seuls Legrand, Chamblin et Taxis s'y opposaient, et
cela, disait M. de Grancey, l'un des gros créanciers,
« pour faire accroire au public à qui ils doivent plus de
quatre millions que led. Lévy leur doit »

Taxis et Chamblin, qui avaient intérêt à tout « em-
brouiller, » menèrent une campagne très vive contre
Samuel Lévy et firent preuve d'une mauvaise foi
évidente. Ils insinuèrent entr'autres que leur débiteur avait le dessein de sortir du royaume et de passer
dans les pays étrangers. Lui ? Lui qui était « françois
de génération en génération », se retirer de France ?
Le magistrat connaissait cependant son amour pour
la France ; il savait ce que Lévy avait fait pour rendre
à l'Etat les services dont il s'est cru capable. Le Roi
n'a point de sujet qui lui soit plus fidèle et qui souhaite avec autant de passion de rendre au royaume

des services qui fassent connaître à tout le monde sa tendre affection pour sa patrie. Pourquoi ferait-il la sottise de quitter le royaume ? Ses créances montent à plus de 1,200,000 livres, ses recommandations à 90,000 : « Ce serait, disait-il, abandonner le peu de bien que j'ay et l'espérance de jamais me rétablir ».

Tous ces arguments frappèrent le lieutenant général de police qui finit par s'étonner de l'opiniâtreté avec laquelle Chamblin et Taxis refusaient d'entrer en arrangements avec Samuel Lévy. M. de Villebon, intendant du maréchal de Médaris, chargé de vérifier les mémoires de Lévy, les avait trouvés « assez vraisemblables », et avait déclaré que, parmi « ceux qui se prétendent créanciers », plusieurs « étaient ses débiteurs de sommes considérables ». Sur les conseils de M. de Villebon, le magistrat fit venir à l'Hôtel de la Prévôté Taxis, Gras, Mestrezat, Parat de Vareille, Saint-Priest, Ageron, Legrand, Chamblin « et Compagnie », et les confronta avec Samuel. Ce malheureux, malgré les poursuites injustes dont il était l'objet, malgré la maladie que son internement avait provoquée, malgré les misères que Langlade lui faisait subir en prison, n'eut pas de peine à prouver par chiffres, comptes et décomptes, que ses demandes étaient « fondées sur titres » et « ses réponses fidèles ». Rien n'empêchait donc plus qu'on lui rendît justice.

Ce ne fut qu'au mois de février 1726 qu'il fut remis en liberté. Il avait passé quinze mois en prison, pour une faillite dont il était accusé, qu'il n'avait point faite et que, par sa situation fort claire, il n'était nullement tenté de faire. Chose étrange ! s'il fut élargi, ce n'est point qu'on ait consenti à reconnaître son innocence, ce fut tout simplement « faute par ses créanciers d'avoir fourny des aliments ». Ce n'était pas là un des détails les moins curieux des coutumes à cette époque que l'obligation où l'on était, en recommandant un prisonnier pour dettes, de subvenir par un subside fixe à son entretien. Dès que les créanciers se déclaraient dans l'impossibilité de continuer, le détenu était mis en liberté s'il n'était retenu pour d'autres causes.

Samuel Lévy bénéficiait de la lassitude, voulue peut-être, de ses créanciers, alors que dans une situation financière analogue, tout autre non-Juif serait sorti victorieusement de ces épreuves. Mais, nous l'avons dit, les Juifs restaient les victimes des préjugés séculaires ; quelle que fût la mauvaise foi de leurs adversaires, ils étaient sans examen taxés d'improbité et, dans l'esprit prévenu de la police ou des gens, le soupçon équivalant à la certitude, ils étaient tout de suite traités en criminels.

C'était surtout lorsqu'ils se livraient aux affaires d'argent que les Juifs avaient à souffrir de cette suspicion. Les contestations étaient nombreuses, inévitables dans ce genre de commerce qu'aucune loi ne réglementait, et dès qu'il s'en élevait une, on criait à la trahison du Juif et de sa nation. Même entre eux, les Juifs n'échappaient point à ces difficultés ; le plus souvent ils cherchaient à les aplanir de gré à gré ; mais lorsqu'ils en portaient la plainte à la police, le magistrat passait indifférent : « C'est une affaire de Juif à Juif », disait-il, et à laquelle « le Roy n'a aucun intérêt ».

Malgré toutes ces tribulations, il ne manqua point de Juifs à Paris, pendant le xviiiᵉ siècle, qui firent « le commerce de papiers et la banque ». Avons-nous besoin de répéter que c'était le seul auquel la nation juive, dans son ensemble, pouvait le moins illégalement s'adonner ? Il y eut, outre Samuel Lévy, des banquiers importants. Presque tous étaient de Metz. Nous avons déjà cité Mayer Lyon Schuabe, Salomon

Lévy, Jacob Worms. Isaac Spire fut accusé en 1716, avec un banquier de Genève, « d'avoir voulu faire passer à l'étranger cent quarante mille louis d'or vieilles espèces ». Leur innocence fut reconnue, la « fausseté de la nouvelle » démontrée, et ils furent remis en liberté après avoir passé dix jours à la Bastille. Olry Alcan était en 1719 un assidu de la rue Quincampoix. Beaucoup plus tard Jacob Goldschmidt de Nancy, Jacob Lévy de Bischeim, et Moyse Isaac Spir Lévy, de Metz, tous trois très honorablement connus, avaient leurs maisons de banque rue Beaubourg et rue Saint-Julien des Ménétriers, au centre même de leurs coreligionnaires. Nathan de Morhange, assagi, est en 1755 établi rue de l'Echelle. Enfin Samuel Peixotto, Juif de Bordeaux, à qui en 1771 « le gouvernement confia la fourniture générale des monnaies de France », vint à cette époque demeurer à Paris.

Mais il n'y eut pas que des entrepreneurs de fournitures militaires, des trafiquants et des banquiers parmi les Juifs à Paris. Beaucoup contribuaient à relever le niveau du négoce en faisant le commerce de la soierie et de la draperie. Les Juifs portugais particulièrement y excellèrent. Ce fut contre eux que, vers 1767, les corporations de métiers s'élevèrent si violemment pour tâcher de les arrêter dans cette voie qu'elles les accusaient d'envahir.

Il y eut aussi des joailliers qui jouirent d'une certaine réputation. Mayer, de Vienne, était le joaillier attitré de Marie Leczinska, et l'accompagnait dans ses voyages. Jacob Baccarat était, en 1745, fournisseur de la dauphine ; David Oulif avait dans ce commerce des relations étroites avec la Cour; Moses Polack Cahen et Jonas Lévy, d'Amsterdam, étaient à Paris en 1745 « pour vendre des diamants, des perles et toutes sortes de pierreries de différentes couleurs » ; et, en 1734, Tapin annonçait que David Revel, Judas Revel, Elie de Saint-Paul, Lange Sazias et Josué Naquet, tous cinq d'Avignon, venaient s'établir « pour faire commerce de diamants, de perles et de galons d'argent ».

A la vérité, ce genre d'affaires pouvait compter encore parmi ceux auxquels les Juifs se vouaient plus particulièrement. Mais on pouvait s'apercevoir, aux idées hardies qui s'éveillaient dans leur esprit, que le brocantage et la friperie ne devaient plus rester longtemps l'objet spécial de leur commerce.

Déjà dans la première moitié du XVIIIe siècle il en est, rares il est vrai, qui cherchent à briser les entraves qu'on met à leur action féconde.

Les uns donnent un libre cours à leur imagination.

Un Juif portugais, nommé Buzaglio, qui avait été exilé, était revenu en France en 1747 avec une invention dont il était l'auteur « pour faire des boulets qui devaient mettre le feu aux navires ennemis ». Il était rentré à Paris sur l'ordre du prince de Conti, et c'était le duc de Penthièvre qui l'avait présenté au ministre.

Non moins importante était en son genre l'idée de Salomon Blien, de Metz, qui avait conçu le double projet d'une banque économique et d'une loterie à rentes viagères, — devançant ainsi de près d'un siècle les institutions de cette sorte que l'abondance de l'argent et la diffusion des connaissances financières devaient plus tard rendre si communes.

Il s'en trouva qui, grâce à une énergie vraiment louable dans les conditions déplorables où ils se trouvaient, parvinrent à se faire une place parmi les industriels. Ainsi Mayer Ascher, de Strasbourg, qui en 1746 était associé dans une manufacture de cuir; Cosman Léman Lévy, de Dresde, qui avait, rue Mazarine, une manufacture de Calemande « façon d'Angleterre, imitant les toiles peintes » ; Manuel de Léon, de Salamanque, et Aron Lopès, de Bayonne, qui avaient tous deux, rue Mazarine également, une fabrique de chocolat. Un autre Juif portugais exerçait déjà cette industrie en 1730. C'était Miguel de Fonséca, dont on ne savait s'il était Juif, calviniste ou catholique — ou s'il était les trois à la fois. Accusé par Langlade d'être un « homme sans aveu », il produisit à l'appui de sa protestation un

« *Extrait du Rolle de la Capitation de la Ville de Paris arrêté par Messieurs les prévôts des marchands et échevins pour l'année 1730*», ainsi conçu :

Rue Cloistre Saint-Honoré
Maison à M. S. Honoré

M. de Fonsec travaille en chocolat	6ˡ.12
Une servante....................	3 6
	9 18

A ceux qui prétendraient que les Juifs se contentaient d'exploiter les travailleurs, « de s'approprier pour le mettre en œuvre, le travail des autres », il suffirait de dire que c'était pour ces parias, pour ces misérables, un effort déjà considérable et dont seuls les hommes de parti-pris pouvaient méconnaître le mérite. Mais il y avait plus : des Juifs se livraient aux professions manuelles ; des Juifs étaient ouvriers ; des Juifs vivaient du travail de leurs bras. Ceux-là venaient de Nancy, de Hambourg, de Pologne, d'Alsace, de Berlin, et étaient de ces « petits Juifs » pour lesquels on n'avait jamais assez de mépris. Ils étaient bijoutiers, peintres, graveurs, dessinateurs ou brodeurs. Si fastidieuse qu'en soit l'énumération, elle vaut d'être faite.

Joseph Goudchaux, de Nancy, loge en garni rue Maubuée, et « travaille du métier de bijoutier » ; Samuel Noé, de Londres, domicilié rue Galande, à la Magdeleine, est graveur de son état. Graveurs également et de « bonne réputation », Israel Jacob et Wulf Herschel, demeurant rue Saint-Martin ; graveurs venant de Hambourg, Joseph et Samuel Abraham, rue Beaubourg ; graveurs d'Altona, Abraham Salomon, et Philippe Samuel, rue Geoffroy-Langevin, aux Piliers Verts : « Ce sont, disait Buhot, de très habiles graveurs en pierre et qui ont une très bonne conduite ». Jacob Samuel et Isaac Daniel, d'Amsterdam, rue Maubuée, chez Lebrun, cordonnier ; Isaac Marcus et Alexandre Israël, rue et hôtel de Montmorency, de Bischeim en Alsace ; Salomon Marc de Bischeim, rue Geoffroy-Langevin ; et Tobias Baer, de Berlin, figuraient tous sur les états de Buhot, de 1755 à 1760, comme graveurs, et étaient considérés comme « bons sujets », « honnêtes gens » et « se comportant bien ». A la même époque, Moyse et Mayer Lévi étaient venus d'Amsterdam s'établir rue Simon le Franc, Au Signe de la Croix, pour « travailler en crayons » ; Raphaël Bacchi, de Turin, peintre en miniatures « de beaucoup de talent » et de « bonne conduite » était logé rue Taranne, chez Pergout, marchand de tabac. Quelques années plus tard, en 1764, Jacob Silva, Juif de Londres, brodeur de profession arrivait à Paris « à la sollicitation de plusieurs notables personnes » ; enfin en 1769, Mayer Moyse y exerçait le métier de graveur, et graveur également était Jacob Simon qui, au premier étage d'une maison « dont la boutique est occupée par un perruquier », occupait une chambre ayant vue sur la rue et un petit cabinet, rue du Temple près celle des Gravilliers.

Le Judaïsme avait aussi son écume. A côté de ces hommes habiles, intelligents, se consacrant à un labeur assidu ou se vouant à des œuvres d'art, il y avait les irréguliers du travail, les dévoyés. On en voyait peu. Cependant ils auraientpu être nombreux, si l'on pense que venant de tous les points de l'Europe, ils sortaient de leurs « Juiveries » où, rejetés par la société, ils n'avaient de rapports avec elle que pour l'accomplissement de besognes basses, où la persécution avait oblitéré leur conscience, et où par conséquent ils n'avaient pu puiser des notions bien pures sur la morale et sur l'honneur. A son tour Paris, avec sa mêlée confuse d'opulents et de misérables, de bienfaisants et d'ambitieux, où le vice et la rare vertu se rencontraient à tous les carrefours, offrait trop d'attraits pour qu'ils ne cherchassent pas, eux aussi, à tremper leurs lèvres à la source où tant d'autres se désaltéraient.

C'était bien l'avis d'Isak Samols, Juif de Hollande, qui, animé du « désir de voir la France » s'engagea comme cuisinier au service de D. Abraham de David Gabay Henriquez, d'Amsterdam, pour accomplir ce voyage.

Dévoyés également Léon Olry Spir Lévy, de Metz, et Cerf de Morhange, mauvais sujets qui « ne scachant plus que devenir », s'engageaient en 1757 au capitaine du régiment de Piémont ; Mayer Wolff, Juif de Pologne, dont la « profession ordinaire est de jouer des gobelets » ; Samuel Hirsh, Juif à la jambe de bois, qui se fit protéger en 1768 par le comte de Lamarche pour le « secret » qu'il avait « de détruire les ratz » ; Isaac Franc enfin qui, pendant trois semaines, habita la Villette sous le sobriquet de *l'Instrument*. Quand la police, habituellement fort curieuse, vint lui demander l'explication de cet étrange surnom, il avait déguerpi.

Il en fut aussi parmi eux qui cherchaient la fortune dans les professions les plus disparates. Par exemple, Mardochée, « Juif de nation et sacrificateur au Havre ». Logé depuis plusieurs années chez la dame Homberg « négociante et Juive également » (1), il ajoutait, en 1769, à ses fonctions reli-

---

(1) Il y avait à la même époque un Eliézer Homberg, à

gicuses la négociation d'effets, le courtage, achetait des marchandises « du crû de l'Amérique », fondait une maison à Strasbourg, une autre à Paris et associait ici et là ses frères à son négoce important.

Israël Bernard de Valabrègue, secrétaire interprète à la Bibliothèque du Roy, et qui jouissait d'une excellente réputation, figurait en même temps sur les Etats de Buhot en 1758, comme faisant le commerce de soierie.

A la même époque, un Juif de Constantinople, Raphaël Isaac, eut maille à partir avec la police pour exercice illégal de la médecine et de la chirurgie. Il prétendait posséder un « secret ».

S'il fallait en croire la plainte que le lieutenant du Premier chirurgien du Roy et les Prévôts des Ecoles de chirurgie portèrent au lieutenant-général de Police, Isaac s'était avisé depuis quelque temps de faire « tant à Paris qu'aux environs, la chirurgie sans aucune qualité ny pouvoir ». Il se faisait aider dans ses opérations par un nommé Duhoga, qui se disait maître chirurgien, alors qu'il était simple « privilégié ». Cité aux Ecoles, celui ci avait été condamné par les Prévôts à 500 livres d'amende « pour avoir prêté son ministère à ce Juif » ; mais comme ils n'avaient pas d'autorité sur Isaac, ils demandaient qu'il fût relégué dans son pays.

Déjà le mardi 20 juin 1758, à la requête des «sieurs Prévôts en exercice du Corps et Compagnie des maîtres en l'art et science de chirurgie du Collège de Saint-Cosmes à Paris », on avait « été en visite» chez Raphaël Isaac. Au cours de cette perquisition on avait saisi des drogues, des onguents et «beau-

---

Paris. Lui et la dame Homberg appartenaient à une famille qui fut d'importance dans le cours du xviii° siècle. Nous la retrouverons pendant la Révolution. Elle s'est depuis convertie au catholicisme.

coup d'instruments de chirurgie ». On avait également saisi une mystérieuse petite fiole de cristal. On s'enquit des choses qui trempaient dans l'esprit de vin dont elle était remplie. Le Juif répondit avec quelque apparence de fierté qu'elle contenait « quatre petites louppes » qu'il avait extirpées de la tête de la dame Pinodit, doreuse. En raison de sa « fragilité » on lui laissa cette « phiolle ». Il la prit. N'était-elle pas un témoin évident de son habileté et de son talent?

Il avouait avoir exercé la chirurgie, mais « par charité ou en se faisant seulement payer ses déboursés », et uniquement « à l'égard de quelques malades abandonnés des chirurgiens ». Si au surplus il n'avait pas réussi avec certains clients, il pouvait se vanter hautement d'en avoir guéri d'autres. N'était-ce pas le sort habituel, même des plus grands maîtres. de tuer les uns et de guérir les autres? Un Juif pouvait-il faire mieux?

C'était un étrange homme que ce « Raffaël Isaac, de Constantinople », moitié savant, moitié coureur d'aventures et que Buhot, dans ses *Etats des Juifs à Paris*, traitait de « charlatan empirique ». Après avoir parcouru la majeure partie de l'Europe « pour sa propre satisfaction et par curiosité », il avait été attiré à Paris « par la réputation » dont cette ville jouissait « chez l'étranger ». Il y résidait depuis quinze mois, rue de Montmorency, à l'Hôtel de Montmorency. Il avait occupé ses premiers loisirs « à voir les beautés de Paris et des environs », mais il n'avait pu regagner Constantinople, « sa demeure ordinaire », à cause de la guerre qui fermait les « passages ». Sachant bien la chimie et possédant « différents secrets », il avait cru pouvoir exercer la chirurgie; il la fit « gratuitement ». Mais les Prévôts des Ecoles, méconnaissant ses sentiments d'humanité, on lui rendit « visite » et on le saisit ; on emporta des « riens ». Il ne les « réclama » pas. Mais comme il ne voulait pas être « inutile » dans une ville « qui lui sert d'azile » jusqu'à ce qu'il puisse retourner chez lui, il offrait au magistrat « de guérir tous les maux de jambes et ulcères de quelque cause qu'ils procèdent ». Et il était « si certain de son secret et de ses connaissances » que l'on pouvait lui donner dans les hôpitaux tel malade que l'on jugerait à propos... Il ne disait point ce qu'il en ferait.

Le lieutenant-général de police se montra sceptique, et à la requête que Raphaël lui adressa « pour le faire jouir des mesmes privilèges à Paris dont les Français jouissent à Constantinople » il ne répondit que par un « néant » très sec. Ce malheureux Turc dut être remis, peu de temps après, en liberté, car il ne figura pas sur l'Etat de Buhot du 29 décembre 1758. Quelle opinion dut-il emporter de la science, du peu d'égards que l'on avait pour les savants, et de la liberté du commerce en France ?

CHAPITRE VI

LES JIUFS EN PRISON. — LEUR HONORABILITÉ

Ces récits, croyons-nous, ne sont pas inutiles. Ils donnent la juste impression de ce qu'a pu être l'existence des Juifs de Paris au XVIII⁰ siècle. On voit par là combien leur sécurité y était fragile. Ils étaient traités, non pas même en étrangers tolérés sur le territoire français, mais en vagabonds. Toute accusation portée contre eux, si « frivole », injuste ou invraisemblable qu'elle fût, trouvait immédiatement créance dans la police comme dans le public, et cela avec d'autant plus de complaisance que ces vagabonds étaient des Juifs. Les Juifs du Paris du XVIII⁰ siècle étaient toujours pour les chrétiens les Juifs du Moyen-Age ; les progrès dans les mœurs, n'avaient, à cet égard, rien changé dans les idées; ils restaient, nous l'avons vu, des ravisseurs d'enfants, des usuriers impitoyables, d'infâmes voleurs, des espions dangereux; c'est à peine si l'on ne disait plus d'eux qu'ils déchaînaient la peste et les pires fléaux.

Valaient-ils qu'on eût quelques ménagements pour eux? Vraiment non. « Race perverse », on se débarrasse de telles gens quand et comme on peut. Les occasions ne manquaient guère, mais quand elles tardaient à se produire, on les faisait naître au besoin. « La procédure simple, rapide, cherchait moins la vérité qu'un coupable, et, considérant d'avance le prévenu comme un condamné, frappait souvent l'innocent ». Cette vérité générale peut s'appliquer plus particulièrement aux Juifs. Aussi, que ce fût la Bastille, le Fort l'Evêque, les Châtelets ou Bicêtre, les murailles n'étaient jamais trop hautes, lui les cachots trop étroits pour cette « nation indocile ». Que de Juifs alors y furent emprisonnés ! Pour quelques-uns on disait, afin d'atténuer l'horreur de ces mesures arbitraires, que c'était « pour l'exemple » ou qu'il était bon de leur inspirer une salutaire crainte. Ceux-là, lorsqu'ils étaient jugés suffisamment punis, étaient relâchés au bout de quelques jours, de quelques semaines, puis exilés ou relégués dans leur pays. Les pages qui précèdent abondent en exemples de ce genre : le cas d'Abraham Oulman, qui resta trois mois en prison, pour avoir fait le commerce de bronze, n'est pas un des moins saisissants.

Mais combien d'autres encore !

Au mois de février 1747, sur une lettre « très précise », du maréchal de Saxe, M. de Marville faisait arrêter et mettre à la Bastille Philippe Lipman Frankel, Juif de Berlin, Michel Bach, son valet, et Isaac Bary ou Borich, se qualifiant de « Juif de M. le prince de Conti ». Philippe était inculpé d'espionnage pour le compte de la reine de Hongrie. Il était entrepreneur de fourrages pour l'armée des Alliés. On mena l'enquête en grand mystère : ses effets furent confisqués, ses papiers saisis, ses lettres interceptées et de l'hébreu ou de l'allemand traduites en français par un Juif d'Avignon, Bernard, qui prenait la qualité de Rabbin. Il fut interrogé, pressé de questions et mis au secret. Comme il ne se trouvait rien qui prouvât son « espionnage », on « luy confronta plusieurs étrangers ». Mais ils avaient été « dupés par un Juif qui lui ressemblait par le signalement » et ils ne le reconnurent point. « N'ayant aucune preuve » contre Frankel, la police gagna un de ceux arrêtés avec lui et le fit mettre dans le même *chambre* « pour lui tirer les vers du nez et tâcher d'avoir son secret ». Mais Frankel n'avait point de secret, et les ministres durent convenir « qu'il ne donnait aucun soupçon sur le principal chef dont il était accusé ». M. Maurepas disait en terminant : « Je ne vois rien qui puisse s'opposer à sa liberté, dès qu'il n'y a aucune charge contre lui » Et en effet, il fut relâché le 3 septembre, quelque temps après ses co-détenus. Il était resté interné pendant *sept mois !*

C'avait été également la raison d'Etat que l'on avait invoquée en 1745 pour retenir pendant trois ans Jacob Baccarat à la Bastille (1) ; ce fut pour une raison analogue que Isaac Simon et son fils furent jetés dans le même « château ». Leur détention ne fut ni moins longue, ni moins douloureuse (2).

Lorsque l'intérêt public, faussement invoqué, disparaissait et cédait le pas aux intérêts privés, la durée, ni la souffrance de l'emprisonnement ne variaient guère : seule la prison changeait. Au lieu de la Bastille, c'était Bicêtre pour les Juifs qui se montraient réfractaires aux ordres du Roy, c'était le Châtelet quand il y avait plainte en escroquerie, ou encore le Fort l'Evêque, en cas d'insolvabilité.

La détention se prolongeait un an, dix-huit mois, deux ans, — plus encore, frappant les Juifs dans leur santé, dans leur commerce, dans leurs biens. Et pendant qu'ils se mouraient dans ces cabanons fétides où les chirurgiens renonçaient à les soigner, car « leur façon de vivre, disait l'un d'eux, est toute différente de la nôtre, — ils perdaient tout crédit, leur papier n'avait plus de valeur sur la place, leurs débiteurs disparaissaient, et leurs familles retombaient dans l'atroce misère d'où un instant ils les avaient tirées.

Ils étaient relativement nombreux, ceux qu'un aussi long internement brisait ainsi dans leur existence. Leurs noms se pressent sous notre plume ; mais à moins de faire de ce livre un registre d'écrou, nous

---

(1) Voy. Les *Juifs de Paris sous Louis XV*.
(2) Annuaire des Archives israélites : *Le Petit Simon*. 1893

ne saurions donner ici une pareille nomenclature.
Cependant il y eut là des souffrances réelles.

Les épreuves que Samuel Lévi eut à supporter
étaient terribles. Elles sont instructives. D'aucuns, en
raison même de la durée de leur détention, furent de
véritables martyrs.

Tel Abraham Worms, de Metz.

Ce malheureux vieillard avait été à l'origine dans
une brillante situation. Pendant tout le cours des anciennes guerres, depuis l'année 1701 jusqu'à la paix
de 1714, il avait « employé toute sa fortune et tout
son crédit à aider les différents entrepreneurs généraux et particuliers dans leurs fournitures d'armées ».
Il ne restait de cette ancienne opulence qu'une
somme de 93,165 livres, qu'il avait à grand'peine tirée
de ces entrepreneurs, et encore avait-elle été convertie en billets de banque, puis déposée au Trésor
royal, où ils perdaient chaque jour de leur valeur.
On avait bien facile de faire aux Juifs un crime de
leur âpreté au gain. Mais si l'on songe qu'alors le
crédit n'existait pas en France — et moins encore
pour le gouvernement que pour les particuliers —
« qu'on était réduit à calculer les chances d'un contrat fait avec les ministres comme celles d'un prêt
fait à la grosse aventure », on sera peut-être tenté
de reprocher moins vivement aux Juifs les précautions qu'ils prenaient pour ne pas se ruiner dans les
marchés qu'ils passaient. C'est ainsi que Worms était
depuis longtemps en instance pour obtenir le recouvrement de ses créances, et qu'il poursuivait en
vain le remboursement de deux charges, ancienne-
ment créées dans l'artillerie, qui lui avaient été
octroyées en paiement d'avances qu'il avait faites,
et qui depuis avaient été supprimées.

Worms ne put jamais rentrer dans les avances
qu'il avait faites au roi : on se débarrassa de lui
par l'exil et la prison ; on le mena enfin à Bicêtre. Il
avait alors 87 ans. Il y resta, en dépit de son âge et
de ses infirmités, enfermé dans un cabanon pendant

cinq mois. Ce ne fut que sur une supplique « de ceux de sa nation» qui s'offrirent à payer son voyage, que l'on consentit à son élargissement. Il s'en retourna à Metz en 1752 et y mourut trois ans après.

Jacob Worms, lui, demeura au Grand Châtelet pendant six années consécutives, pour un billet à son ordre, qu'il avait passé à un tiers et qui était resté impayé ! Banquier à Metz, il avait rendu à l'Etat des services considérables dès l'an 1700, soit en tirant « les matières des pays étrangers », soit en fournissant pour les monnaies de Metz et de Strasbourg (1702-1703). Il avait en 1705 et 1707 avancé des fonds considérables pour le paiement des troupes dans les Trois-Evêchés et en Alsace ; il avait de 1709 à 1712, fourni à grands frais les magasins de Metz et de Thionville ; à Aix-la-Chapelle, à Amsterdam, en Prusse, il s'était enfin, par son crédit et sa haute situation, rendu particulièrement utile à l'Etat et au Roi.

Il invoqua en vain « ces considérations jointes à la justice » pour obtenir sa mise en liberté. Au bout de six ans, ses créanciers dressèrent par-devant notaire un acte par lequel ils consentaient à la liberté de Worms. Le lieutenant général de police transmit copie de cet acte à M. de Maurepas en demandant l'élargissement du détenu : « deux seuls créanciers, disait-il, s'opposent à sa liberté..., il y a plus d'entêtement de leur part que de justice ;... Worms sera plutôt créancier que débiteur par le procès qui est entre eux..... »

Il avait fallu tout ce temps pour découvrir cette vérité élémentaire ! Worms sortit de prison le 15 avril 1735.

Un autre, Mayer Lyon, y mourut. Nous ne savons rien de plus douloureux que cette détention.

Mayer Lyon était un Juif de Metz, qui avait été chargé de la fourniture des vivres pour les troupes du Roi, « tant dans les anciennes guerres que dans celles qui ont cessé en 1734 ». Vers cette époque un sieur Tonnellier, avec lequel il était en relations d'affaires, lui avait donné en paiement un billet de 12000 livres. Mayer Lyon l'avait remis « en garantie » à un tiers, qui à son tour en avait fait cession. Quand on présenta le billet, Tonnelier avait disparu. Mayer Lyon fut déclaré responsable, arrêté et conduit au Petit Châtelet. C'était en 1736.

Les années passèrent. Mayer ne payait pas, ne pouvait pas payer. Sa détention se prolongea. En 1744 il était encore au Châtelet pour la même affaire, lorsqu'il apprit que Tonnelier était à Paris. Il demanda que son débiteur fût arrêté. Tapin appuya la requête. « Mayer Lyon, disait-il, est réduit à la dernière misère ainsi que sa famille ; et il est hors d'état de pouvoir jamais payer cette somme pour laquelle il a déjà subi huit années de prison sans être le véritable débiteur ».

L'abbé de la Varenne de Saint-Saurlieu intercéda également en faveur du prisonnier. Il se rendit auprès du magistrat, et quelques jours après, le 14 mars 1744, il lui écrivait pour lui recommander « Mayer et son affaire ». La lettre est fort curieuse : « Je n'ay point oublié que vous me dites que j'avois l'air d'un Rabbin lorsque je vous parlay de cette affaire ; mais lorsque vous saurez que le Juif pour qui je parle a fait au moins autant de bien dans la prison où il est que tous les bureaux de la charité, et que, lorsqu'il a été en état, il est sorty peu de prisonniers qui n'aient ressenti les effets de sa libéralité, vous ne m'accuserés sans doute plus de judaïsme, et je suis même persuadé que vous le deviendrés (Rabbin) autant que moy, et que votre justice vous engagera à imiter le Seigneur qui récompense dès ce monde la bonne foy de ces misérables victimes de leur aveuglement..... »

Ce double témoignage était trop favorable à Mayer Lyon pour qu'on ne luy accordât pas « l'ordre supérieur » qu'il demandait. Tonnelier fut arrêté, mis au secret, interrogé ; pressé de questions, il nia tout — dette, billet, signature. On saisit ses papiers, on étudia son écriture ; mais après vérification par les experts, on reconnut que le Tonnelier arrêté n'était point l'auteur du billet. Il fut relâché. On juge de la déception du malheureux Juif.

Cette procédure l'avait mené jusqu'en 1746. Lorsqu'il comprit qu'il n'y avait plus pour lui qu'une espérance illusoire de mettre la main sur son débiteur, il offrit — après bien des projets d'accommodements rejetés — de laisser par forme de dépôt une somme de 11,400 livres à luy appartenant, restée en séquestre chez le sieur Cornemant, banquier. Il demandait en outre à être transféré à ses frais et dépens dans les prisons de Metz, où il serait à portée d'arranger ses affaires, « ce que l'éloignement ne lui permet pas ».

Pour cela il fallait le consentement des créanciers; mais les créanciers étaient de ceux qui, lorsqu'ils tenaient un Juif, s'imaginaient de posséder le veau d'or, et ils refusèrent.

Mayer Lyon resta au Petit Châtelet — pour peu de jours, d'ailleurs. Consumé de chagrin, abreuvé d'amertume, désespérant de pouvoir jamais être rendu à la liberté, il tomba malade, et quelque temps après, vers le mois d'août 1748, il mourut dans la prison où il était enfermé depuis dix ans.

Bien des Juifs étaient ainsi l'objet de peines, sinon imméritées, bien supérieures du moins aux fautes qu'ils pouvaient avoir commises. Ce n'était pas en leur infligeant d'aussi rigoureux traitements qu'on les ramènerait dans le droit chemin dont on les accusait si facilement de s'écarter. Quand, sortant de prison, et revenant par les ruelles écartées qui les menaient à leur hôtel, ils se retrouvaient dans leur misérable chambre garnie — seuls et désespérés, ou face à face avec leur famille et le cœur serré par l'angoisse du lendemain — pouvait-on blâmer les résolutions farouches que suggèrent les privations, l'injustice et la vengeance ? Faites donc des hommes honnêtes de ceux que la persécution ruine dans leur santé, dans leurs espérances, dans leurs biens, et qui, courbés sous des lois oppressives, se trouvent tout à coup dans la dure nécessité de réédifier une fortune laborieusement élevée, abattue en un jour, ou de se livrer à n'importe quel trafic pour vivre et faire vivre les petits ! Aux Juifs on demandait cela, et plus encore.

On avait tout fait pour en faire des bandits, et l'on exigeait d'eux plus que d'aucun autre l'obéissance aux lois, la soumission humble, la probité fière, la possession de toutes les vertus civiques et commerciales.

Mais lors même que leurs actes étaient irréprochables, on ne croyait pas en leur loyauté. Quelle que fût leur droiture, les apparences les plus vaines étaient une charge contre eux. Parmi les Juifs il ne pouvait y avoir que des filous : c'était chose entendue. Rien ne pouvait prévaloir contre cela. Comment, devant ce préjugé persistant, prouver l'injustice des inculpations portées contre eux ! En recourant à leurs coreligionnaires ? Ils n'y pouvaient songer, puisque leur parole était toujours tenue pour infidèle même lorsque, pour prêter serment, ils avaient « mis la main sur l'ancien Testament en langue hébraïque ». Ils cherchaient alors autour d'eux, inquiets, troublés, un témoignage favorable, sauveur de leur honneur et de leur liberté. Leur défense se ressentait quelquefois de leur isolement au milieu de tous. Tel, espérant convaincre les juges de sa bonne foi, énumérait longuement les faits qu'il croyait de nature à établir son honnêteté. Tel autre offrait de « donner dix pistoles aux pauvres, si l'on découvrait la moindre vérité » dans les faits allégués contre lui. D'autres fois enfin, des mains se tendaient vers eux, secourables et promptes.

Les Archives de la Lieutenance générale de police, qui, à plusieurs reprises déjà, ont mis en pleine lumière l'existence des Juifs à cette époque, nous réservaient à cet égard une nouvelle surprise : l'honnêteté des Juifs attestée, certifiée par des industriels et des négociants. Et c'était encore à des prévenus, à des condamnés, à des détenus, qu'allaient ces témoignages, non pas de compassion et d'indulgence, mais de haute vérité.

Dès qu'un Juif était arrêté, des « maîtres de métiers de la ville de Paris », des bourgeois, des marchands intervenaient en sa faveur, s'ils n'avaient aucun motif de plainte contre lui. Les voisins se joignaient à eux : l'aubergiste même y ajoutait son dire. Il y avait là comme une sorte de manifestation, d'enquête spontanée, dont la sincérité s'imposait à la police. Le magistrat consentait alors à libérer son prisonnier, alors surtout qu'il n'était retenu que par défaut de passeport ou désobéissance aux ordres du roi.

Les exemples de ce genre étaient nombreux. Ils étaient particulièrement significatifs quand il s'agissait de Juifs dont la conduite était le plus durement qualifiée par la police.

Cerf Philippe de Manheim est, au dire de Buhot, un brocanteur qui a « escroqué différents marchands tant à Paris qu'en province ». Il n'a pas de papiers, on le met au Fort l'Evêque. Il produit bientôt des certificats émanant des négociants de la ville de Laigle, des subdélégués de cette ville et de Château-Thierry, constatant qu'il « a vendu bonne et loyale marchandise ». Aubergistes, maîtres de métiers, marchands,

marchands bourgeois de la ville de Paris, constatent à leur tour qu'ils n'ont jamais « reconnu en lui que la conduite d'un honnête homme ». Mais la police n'entend point avoir tort. Le magistrat relâche Cerf, non point parce qu'on a reconnu son innocence, mais parce qu' « il a paru assez puni et qu'il a promis de se mettre en règle ».

Des certificats semblables plus élogieux encore, furent délivrés à David Oulif, Lyon Gloga, Moysen Polack Cahen; à Joseph Elias, de Hambourg, et Raphaël Jonas, de Casal, qui traités en véritables filous, avaient été mis, l'un à Bicêtre, et l'autre au Fort l'Evêque. On y louait en termes si expressifs leur honneur, leur probité, leur bonne foi, leur droiture, qu'il fallut bien les faire mettre en liberté.

Buhot lui-même ne put, en différentes circonstances, se défendre d'attester l'honnêteté de certains Juifs. Il le fit en 1769 pour Jacob Simon, le graveur, à qui un faussaire avait donné à graver, sans qu'il en sût rien, un cachet aux armes de M. de Trudaine. En 1761 déjà, il avait couvert de sa protection Mardochée Ravel et Moïse Perpignan, d'Avignon. Ces deux Juifs étaient allés chez les Dames Ursulines de la rue Saint-Avoie, et leur avaient offert « de vieilles robes de drap d'or et d'argent à échanger contre de vieux ornemens ». Mais continuons le rapport; il est de l'inspecteur d'Hémery : « Ces coquins, pour mieux tirer parti de leurs marchandises affectent un air désintéressé et s'annoncent pour des gens proposés par le Ministre pour échanger de vieilles robes de Mme Victoire contre de vieux ornemens qu'ils assurent que cette princesse veut faire présent aux pauvres Eglises de Lisbonne... Les Juifs en question... ne font d'autre métier sur le pavé de Paris... »

Mandat fut donné à Buhot de les arrêter et de les conduire au Petit-Châtelet. Esclave du devoir, l'Inspecteur exécuta l'ordre du roi, mais, cela fait, il s'empressa de plaider la cause de Ravel et Perpignan.

« Il peut bien avoir entré un peu de malice de leur part dans cette affaire, disait Buhot, mais il y a au moins autant de deffaut de jugement.. — La docilité avec laquelle ils se sont conformés aux ordres du Roy, leur jeunesse et leur bonne conduite, militent en leur faveur et leur font espérer l'indulgence du magistrat »,

La confiance de Buhot ne fut pas trompée. Ces deux « coquins » furent relâchés deux jours après.

Parfois des Juifs, trouvant ces attestations insuffisantes, qu'elles vinssent des marchands, des bourgeois ou de l'Inspecteur de police, usaient d'un procédé curieux pour que nul ne pût douter de leur loyauté. Ils se faisaient « publier à son de caisse » dans tous les carrefours, déclaraient et spécifiaient le lieu de leur demeure, afin que celui qui aurait à se plaindre d'eux pût les venir trouver et au besoin même les faire arrêter.

David Oulif qui, en 1745, avait été relégué sur le rapport de Tapin, demandait la révocation de l'ordre d'exil, et rappelait qu'avant son départ de Paris il s'était fait crier de la sorte. Il avait agi de même en passant par Châlons, par Toul et en arrivant à Metz : ce qui constituait, selon lui, une « preuve solide » de la « pureté » de sa conduite.

A vrai dire M. Berryer ne se laissa guère plus émouvoir par les protestations des maîtres de métier que par ce tambourinage. Il lui fallait pour « ceux de cette religion » des preuves plus convaincantes. Si ses agents emprisonnaient des Juifs, c'est qu'ils avaient toute raison de le faire.

Que la Noblesse se mêlât de prendre des Juifs sous sa protection, que quelque influent personnage s'employàt en leur faveur, la police le concevait à la rigueur, bien qu'elle ne le supportàt qu'avec peine. Mais des négociants, des bourgeois, des aubergistes? Ce menu peuple? N'allait-il pas s'imaginer, parce qu'on lui accordait la grâce de quelque Juif, qu'il pouvait lutter d'influence avec les exempts, avoir quelque poids sur les décisions du magistrat? Petites gens, quelle erreur! Ces temps étaient encore loin!...

CHAPITRE VII

RAPPORTS DES JUIFS AVEC LES GRANDS

Les Juifs de Paris ne s'y trompaient pas. Si le magistrat avait parfois égard aux supplications des négociants et des voisins, c'était par un pur sentiment de bienveillance dont un mouvement d'humeur pouvait avoir raison. Nulle justice, nulle équité ne présidait dans ces décisions dont les officiers du guet étaient les véritables inspirateurs. Aussi les Juifs sentaient-ils toute la fragilité de leur sort. L'incertitude du lendemain était atroce. Il n'y avait point de sécurité pour eux qui vivaient au jour le jour. A la puissance de la police — toujours prête à les accabler sous le poids de son autorité brutale — il leur fallait donc opposer une influence non moins grande qui fût leur sauvegarde. Cette assistance qui impose au juge, adoucit les rigueurs de sa partialité, soulage de sa dureté ou de son mépris et permet de lutter — non contre les préjugés, mais contre ceux qui s'en font une arme,— ils la reçurent de la noblesse, noblesse de robe ou d'épée, des rangs les plus humbles de la gentilhommerie de province aux degrés les plus élevés des alentours de la couronne.

C'est, en effet, une chose remarquable que, malgré la mésestime en laquelle ils étaient tenus, bon nombre d'entre eux aient pu conquérir la protection, souvent même la sympathie des plus hauts dignitaires du Royaume. Si l'on veut que parfois ils aient trouvé des protecteurs plus ardents que désintéressés, il n'est pas moins vrai que leur fidélité, leur bonne grâce, leur souplesse, leur intelligence des choses et des êtres, furent pour beaucoup dans l'empressement avec lequel les grands mirent leur crédit au service de ces humbles.

Parias et maudits, se frayant un chemin jusqu'au cœur des puissants, ils avaient su gagner à leur cause — parmi les capitaines les plus braves comme dans les rangs les plus élevés de la noblesse ou de la magistrature — des hommes intègres et dont le soupçon même ne pouvait ternir la haute loyauté : M. Leblanc, ministre de la guerre, le comte de Saint-Florentin, le duc de Noailles, le chevalier d'Orléans, le maréchal de Ségur, le duc d'Uzès, le comte de Souillac, le comte de Laipaud, le Procureur général au Parlement de Bordeaux, M. de Beaujon, avocat général à la Cour des Aides de Guyenne, M. de Tourny, intendant de Bordeaux, M. Delmas, commissaire ordonnateur à Nancy, le maréchal de camp de Torcy... Voilà quelques-uns de ceux qui, prenant à cœur la cause des Juifs qui leur étaient connus, jetaient dans la balance faussée de la justice le poids de leur autorité pour en rétablir le niveau.

Aucun d'entre eux n'hésitait, au moment du danger, à venir au secours de leurs protégés. Plus d'un même étendant la main sur la tête de ces réprouvés, se dressait entre eux et la police, prêt à s'écrier : « Celui-ci est mon Juif ! » Il y avait là quelque chose du mouvement déterminé de la bête prête à défendre ses petits.

Mais ce n'étaient pas les seigneurs seuls qui s'intéressaient aux Juifs ; les femmes de qualité ne furent ni les moins zélées, ni les moins vaillantes dans cette lutte du dévouement contre l'intolérance.

Avec quelle fougue et quelle altière volonté la duchesse d'Orléans, prenant en 1754 la défense de

Goudchau (1) contre le lieutenant général de police,
réclamait de M Berryer la liberté de ce Juif, décidée
« à ne point abandonner son innocence » !

Avec quelle inquiète tendresse — tendresse mys-
tique. si l'on veut, — Mme Lecour de Malon s'employa pour Moyse Astruc, celui-là même qui se battit
en duel avec l'inspecteur Buhot ! Lettres, visites,
démarches, supplications, elle n'épargna rien pour
sauver son Juif. Ses lettres ont des accents d'une
douceur infinie pour « le pauvre Moïse », et ses plai-
doyers sont si persuasifs qu'elle fait des magistrats
les plus hostiles les complices actifs et bienveillants
de son dévouement.

Combien d'autres encore !

Mme de Volanges, « une femme de mérite et des
plus spirituelles », réclame la liberté de l'un ; la
duchesse d'Estrée intervient en faveur d'un autre.
Et puis c'est la comtesse Mercy d'Aligre, la duchesse
douairière d'Orléans, la duchesse de Raguse. La comtesse La Briffe de Choiseul ne dédaigne pas d'écrire
par trois fois au lieutenant-général de Police en
faveur d'un Juif d'Amsterdam, que protégeaient
Mme de Montholon, première présidente de Metz, et
Mme la présidente de Charol, sa fille.

Mme de Noailles, princesse d'Armagnac, mettait à
son tour une grande énergie à défendre son protégé
contre Rossignol et Tapin. « Ils sont fort aigris contre
lui, écrivait-elle au magistrat ; mais vous este trop
juste pour voulloir punir un homme sur de simples
discours. » Elle usait en même temps d'un étrange
procédé pour faire ressortir la probité de son client :
« On dit que Rossignol dit que les Juifs se plaignent
de l'industrie de celuy qui est en prison. Il faut qu'il
y ait d'autres motifs à leurs plaintes, car ces messieurs ne vivent que de tromperies et de ruses. »

____

(1) Voyez *Goudchau et la duchesse d'Orléans.* Annuaire des
Archives israélites pour l'an 5554 (Paris, 1893-1894).

Dans la chaleur de son plaidoyer, elle ne s'aperçoit pas qu'elle noircit son Juif en le voulant trop blanchir. Il est vrai que, depuis dix-huit mois, il se préparait au baptême, et que pour elle ce n'était déjà plus un Juif.

Faut-il attribuer à des causes spéciales l'intérêt que ces puissantes dames témoignaient à des êtres dont elles étaient séparées par des barrières réputées infranchissables ? Il serait malaisé de le définir. Ces causes sont multiples sans doute, comme les rapports que les Juifs avaient avec la société.

La question religieuse jouait un certain rôle dans ce rapprochement de deux castes si étrangères l'une à l'autre. Ainsi Mme Lecour de Malon, en défendant si chaudement Astruc, défendait en même temps une œuvre religieuse. Ce Juif, qui était en passe de conversion, avait commencé son instruction avec le Père de la Berthonie ; mais celui-ci, obligé de se rendre en Espagne, avait remis son catéchumène entre les mains de cette pieuse femme. Astruc — elle l'avait dit elle-même — devenait pour elle un « dépôt » sacré qu'elle était jalouse de remettre intact et pur à celui qui le lui avait confié. Le fanatisme de Mme Malon, fait d'extrême sensibilité et de pitié tendre, était tel que son cœur, plein d'un raffinement dévotieux, entourait d'une même caresse Moïse et son frère Salomon. Quel dommage — écrivait-elle à propos de ce dernier à l'abbesse de Panthemont — quel « dommage qu'on ne puisse le persuader ! » Et elle le voudrait presque voir en prison pour se dévouer davantage. Mais Salomon était un mécréant, que ne touchaient point ces ardeurs féminines, quelque religieuses qu'elles fussent, et il ne se souciait point qu'on sauvât ni son corps, ni son âme.

Il faut chercher ailleurs encore la raison de tant de zèle. Dans l'amour du lucre? Admettons que les uns ou les autres aient été attachés aux Juifs plus par des liens d'intérêt que de sentiment. Quelle preuve plus forte aurons-nous de la probité des Juifs? Les grands auraient-ils jamais consenti à protéger qui les aurait trompés ou joués ?

Mais qu'importent les motifs qui inspiraient ces protections ? Dettes de reconnaissance, marques d'attachement ou actes de complaisance, quelque nom qu'on donne à ces témoignages de commisération, de bienveillance ou d'estime, n'y a-t-il pas là une preuve certaine que ce n'étaient ni des fripons, ni des escrocs, ceux que des princes du sang, des princesses, des maréchaux, des ministres, des magistrats de haute distinction couvraient de leur autorité tutélaire ?

Le duc de Gesvres, premier gentilhomme de la chambre du Roi, gouverneur de Paris, était un de ceux auxquels les Juifs recouraient volontiers. Il les accueillait d'ailleurs avec une parfaite bonne grâce qu'expliquaient les relations qu'il eut avec eux à Metz et à Francfort. C'est lui-même qui le dit à deux reprises en recommandant des mémoires portés au lieutenant de police : « Je ne puis, écrit-il le 11 janvier 1747, refuser à une députation des Juifs de Metz avec qui on a passé deux mois à la maladie du roy de vous renvoyer ce mémoire... » ; et en 1753 : « Quand on a esté à Metz et à Francfort, Monsieur, on a beaucoup connu les Juifes. Je ne puis refuser à M Spir et à M. Mayeux (?) de vous recommander le mémoire qu'ils m'apportent. Si vous pouvez leur faire plaisir dans leur demande, je vous en seray très obligé.»

Le prince Maurice de Saxe ne se montra pas moins net dans la protection qu'il accordait à Salomon Lévy.

Salomon était en coquetterie avec l'abbé Couëtte,

chanoine de Notre-Dame, à qui il avait fait entendre en 1727 qu'il voulait se convertir au catholicisme. Mais la police avait eu vent que ce « mauvais Juif » était venu à Paris « à la Pasque dernière » et qu'il avait « participé avec d'autres Juifs à leur cérémonie de la Cène .. en leur protestant qu'il n'avoit nulle envie de changer de religion.» Le comte de St-Florentin demanda son rappel à M. Hérault, en lui en expliquant les causes : « Le prince de Saxe, comme vous scavés, Monsieur, a de grandes vues, mais ne pouvant les suivre qu'avec beaucoup d'argent, il trouve un Juif nommé Salomon Lévy qui luy en fait prêter ; mais l'ordre du roy que vous avez pour l'exiler romprait ce marché s'il l'exécutoit; je ne crois pas dans ces circonstances qu'on en puisse refuser le delay à M. le Prince de Saxe.... »

Le magistrat se faisant tirer l'oreille, le Prince de Saxe lui adressa la curieuse lettre que voici :

A Paris, ce 31 May 1727.

Monsieur, le sieur Salomon promet devenir fort honette homme, voir même bon catholique, il m'a rendu servisse, et la reconessence m'engage a souhaiter que vous aies de l'indulgence pour sa juiverye, il ait encore emploies pour quelque jʳ a mes affaires, einsi je vous prye de lui doné repis ou grasse, je n'ay plus qu'à vous remersier des bontes que vous aves eu a set égard et de vous assurer que l'on ne soret aitre plus parfaitement monsieur votre très humble et très obisent serviteur.

MAURICE DE SAXE.

Nulle preuve ne saurait être plus convaincante des services signalés que les Juifs rendaient aux armées du Roi, et ces services, les officiers les plus renommés s'accordaient pour les affirmer. Aux maréchaux de Ségur et de Torcy, au duc de Gesvres et au prince de Saxe, on peut ajouter le maréchal duc de Belle-Isle, dont le témoignage était d'autant plus précieux qu'il eut le gouvernement de Metz, Toul et Verdun. Si les Juifs avaient mérité vraiment la réprobation dont ils étaient l'objet, nul doute que le commandant de ces places fortes ne se serait tout le premier montré fort dur à leur égard.

Rien d'étonnant donc que les plus hauts personnages de la Cour, appréciant l'action favorable des Juifs, leur aient prêté contre la police l'assistance dont ces éternels persécutés avaient tant besoin. La police se vengeait à son tour, cherchait à calomnier ces puissants avocats des faibles en leur attribuant des vues intéressées. Mais que pouvait faire le magistrat lorsqu'on lui présentait ces « honnetes juifs de profession » comme s'étant fidèlement employés pour le service de l'armée ? lorsqu'on lui demandait sa protection pour eux, « estant très persuadé qu'ils la méritent » ?

Il ne pouvait que s'incliner tant devant la requête d'un Montlezun ou d'un Bauffremont, que devant le désir exprimé par des seigneurs « de la plus haute volée », comme le prince Camille de Lorraine, le prince de Carignan, ou Louis de Bourbon, comte de Clermont.

Parmi ces grands du monde il en était, il est vrai, qui, après avoir soutenu les Juifs, les abandonnaient à leur sort, comme s'ils eussent craint de se commettre plus que de raison avec de tels misérables. N'entrait-il pas dans leur façon d'être autant d'ingratitude que d'inhumanité ? Lorsque, sur un simple rapport de police, — et l'on sait combien la sincérité de ces rapports est sujette à caution, — le duc de Brancas de Lauraguais repoussait dédaigneusement un vieillard dont quelques jours plus tôt il avait vanté l'honnêteté et les services ; lorsque Madame Eléonore de Ratsamhausen, grande et noble dame, rejetait avec horreur un humble petit Juif coupable de tenir auberge ou synagogue ; lorsqu'enfin Madame Louise Elisabeth de Bourbon, princesse de Conti, qui avait connu Goudchau (1) au siège de Fribourg, où « tous les gens de cavalerie disaient du bien de lui », s'écriait : du moment que la police a « la preuve que c'est un fripon », « ma protection est finie » ; ne commettaient-ils pas les uns et les autres une mauvaise et injuste action ?

A la vérité ces sortes d'abandonnements étaient rares. Ils dénotaient à tout le moins un manque de courage moral et social peu en rapport avec les idées du siècle. Les esprits pouvaient être détachés des choses les plus saines, tourner en ridicule les croyances les plus pures ; il restait au fond des cœurs, si sceptiques et si dépravés qu'ils fussent, un sentiment de justice et d'humanité aussi noble, aussi élevé que le point d'honneur même. Tous pouvaient n'être pas convaincus du bon droit de leurs protégés ; bien peu, imitant le duc de Brancas, se dégagèrent avec une si sereine désinvolture de leurs promesses morales ou réelles — engagements de cœur ou de raison.

Ils y mettaient au moins quelque pudeur, se décidant mal à tromper l'espoir qu'on mettait en eux. Les affirmations hardies de la police ébranlaient un instant leur confiance; mais ils se raidissaient contre ce mouvement de faiblesse, et protestant de la probité de leurs juifs, s'écriaient comme le baron de Vels : « Je suis persuadé que c'est un honnête homme ! » ; ou comme la comtesse d'Estaing de Maulévrier, parlant de Joseph Worms : « Il y a trente ans que M. de Maulévrier et moi l'avons toujours protégé comme le méritant. Je serais bien étonnée que l'on eût quelque plainte à faire contre lui ».

____

(1) Voy. Goudchaux et la Princesse d'Orléans. Annuaire des *Archives Israélites* p. l'année 1893-1894.

Si la police se trouvait parfois en présence de gens
qui ne soutenaient les doléances de ces malheureux
que par acquit de conscience, il lui fallait, on le voit,
compter avec des sentiments plus forts, et aussi avec
des volontés opiniâtres, des attachements solides
que même une prison prolongée ne pouvait rompre.
Les Juifs trouvèrent auprès de quelques hommes une
protection non moins dévouée, une amitié non moins
sûre que celles qu'ils avaient rencontrées chez quelques femmes de qualité. Protection et amitié pouvaient ne pas atteindre ce degré d'exaltation atten-
drie qui est propre au cœur féminin, mais elles prenaient chez eux une forme qui, pour être plus grave
et plus mûrie, n'en imposait pas moins l'attention.
Quelque fût son caractère, cette assistance, bienfai-
sante aux heures ordinaires de la vie, était pour les
Juifs particulièrement douce dans les jours de peine.

Ceux qui inspiraient ces profondes sympathies
ne pouvaient être — nous ne saurions trop le redire — les gens de mauvaise foi pour lesquels la police professait tant de mépris. Ces sympathies, d'ailleurs, prouvaient bien que les préjugés contre les
Juifs n'avaient pas de racine dans la nation et que,
livrés à eux-mêmes, les individus, —nobles, soldats,
bourgeois et hommes du peuple — ne partageaient
pas la haine de l'Eglise pour les Juifs et n'avaient
nulle répugnance à les fréquenter.

Mais dans l'armée, dans la noblesse, la bourgeoisie
ou le peuple, on pouvait se fier à des apparences
trompeuses? se laisser gagner par les allures « extrêmement séduisantes » des Juifs? méconnaître tout
ce qu'il y avait d'indigne et de déloyal dans leurs
« projets » comme dans leurs actes? Soit. Considé-
rons que de tous ces seigneurs, capitaines, négociants, qui prenaient fait et cause pour les Juifs, il
n'en est pas un qui — comme le seigneur Des Heusse
Des Cotes — ne se laissât prendre à « un certain
air de bonne foy » qui parlait en leur faveur, et ne
fût dupe de leur astucieuse sincérité. Mais des ma-

gistrats s'intéressèrent à eux. Étaient-ce là aussi des
naïfs que tant de hardiesse pouvait égarer ? N'étaient-
ils pas à même, par leur situation, de n'ignorer rien de
la conduite des Juifs ? Et s'ils les avaient jugés si
coupables, les auraient-ils protégés malgré tout ? On
nous permettra d'en douter.

Lorsque des hommes, comme M. Joly de Fleury,
avocat général à Paris, et Poncet de la Grave, procureur du Roi de l'Amirauté, prenaient la défense
des Juifs, se faisaient leurs soutiens, les disputaient
pied à pied à la police, ils ne faisaient pas seulement
actes de protecteurs, mais d'amis, et ceux qui étaient
l'objet de ces sentiments d'estime et d'affection pouvaient s'en montrer justement fiers.

Ces deux magistrats ne leur ménagèrent pas leur
appui. Leurs préférences allèrent à des Juifs portugais, et particulièrement aux Astruc, aux Ravel, aux
Dalpuget, dont nous avons eu déjà l'occasion de
parler, libertins et petits-maîtres que la police pour-
chassait sans relâche, qu'elle accusait de mille tours,
dont leur qualité de Juif seule faisait souvent toute
la gravité.

MM. de Fleury et de la Grave avaient leur clientèle
particulière, pour laquelle ils ne ménageaient ni
leur pouvoir, ni leur crédit. Une fois même ils joigni-
rent leurs efforts pour sauver les frères Elie et Aron
Ravel, d'Avignon, accusés de complicité dans la
banqueroute d'une f° La Cavée. Ces magistrats s'é-
taient portés garants de « la justice de leur cause »,
et ils avaient été assez heureux pour écarter de leurs
protégés le châtiment qui les menaçait.

Cette union était toute fortuite, et de ces con-
flits d'intérêts, où ils étaient souvent appelés à s'in-
terposer, s'éleva un jour une sorte de conflit d'influences entre l'Avocat général et le Procureur du
Roi de l'Amirauté. Voici ce qui le provoqua.

A la suite d'une contestation d'argent qui s'était élevée entre Salomon Astruc et Isaac Dalpuget, mandat avait été donné à Buhot de s'assurer de ce dernier et de le mener au Petit-Châtelet. Cet ordre avait été obtenu, en 17 5, sur la recommandation de M. Poncet de la Grave.

Mais quand on fut pour le mettre à exécution, on trouva en face de soi M. Joly de Fleury, qui protégeait Isaac Dalpuget. La police se trouva fort penaude. Elle dépêcha Buhot à l'avocat général. M. de Fleury avait déjà connaissance de l'affaire. Il y avait dans son maintien un blâme implicite pour la précipitation du lieutenant général de police. Au surplus, qu'avait fait Dalpuget ? Rien que ce que l'avocat général « lui aurait conseillé » de faire si Isaac « l'avoit consulté ». Il a pris la fuite ? C'est un sage parti. « Les loix ont accordé justice à Astruc en vertu de l'arrêt rendu en sa faveur » ; qu'il contraigne son débiteur, qu'il obtienne même contre lui « un arrêt *d'iterato* pour le faire arrêter partout où il le trouvera », soit ! Mais en aucun cas, Astruc n'était en droit de faire intervenir l'autorité. « J'ai cru entrevoir par là, disait Buhot en terminant le compte rendu de sa mission, que l'exécution de l'ordre du roy contre Dalpuget n'auroit pas été agréable à M. l'avocat général. Au surplus ce magistrat m'a chargé de vous faire ses remerciements de votre attention..... et de vous dire que devant se trouver aujourd'hui avec vous à l'assemblée, il vous parleroit de cette affaire. » L'entretien fut sans doute explicite, puisque le rapport de Buhot était, le jour même, apostillé de ce mot significatif : « rien à faire — Joindre au dossier de Dalpuget. »

On chercha alors à concilier les parties. Astruc entra en arrangements avec son débiteur ; mais celui-ci tardant à remplir ses engagements, Astruc réclama, en 1768, l'exécution de l'ordre du roi. Poncet de la Grave appuya la requête. « Il est de toute justice, disait-il, de venir au secours du suppliant. »

Bien. Mais qu'en penserait à son tour M. Joly de Fleury ? Buhot le prévoyait : « ... Comme la demande de Salomon Astruc est fondée sur celle qui a donné lieu à décerner le susdit ordre, les mêmes causes qui en ont empêché l'exécution subsistent également aujourd'hui, attendu que M. de Fleury continue à honorer de sa protection la famille Dalpuget. Ce n'est point à moy de décider si en pareil cas on peut de nouveau accorder l'ordre du roy que Astruc demande, de même que s'il doit être remis à ce particulier pour être exécuté. » Buhot parlait sagement et en homme désireux de ne point mettre le doigt entre l'arbre et l'écorce. Le magistrat ne donna point signe de vie. M. de la Grave revint à la charge le 8 juillet et obtint enfin de M. de Sartines l'exécution de l'ordre si longtemps retardée.

L'exposé de l'affaire fut — comme de coutume — transmis au comte de Saint-Florentin. On y indiquait comment, sur le désir de M. de Fleury, cet ordre était resté jusqu'ici sans effet, pourquoi Astruc persistait « à réclamer l'autorité », et l'intérêt très vif que M. Poncet de la Grave prenait à cette affaire. « Cependant les mêmes obstacles fondés sur les mêmes motifs subsistent toujours de la part de M. l'avocat général. »

Bien que le magistrat se gardât de conclure, le ministre signa un « bon pour l'ordre ». Le Procureur du roi de l'Amirauté allait donc l'emporter sur l'avocat général ? On put le croire un moment. Mais que se passa-t-il alors ? Qui donna l'éveil aux bureaux ? L'Inspecteur Buhot fut-il prévenu à temps ? Tout ce que nous savons, c'est qu'à l'envoi de l'affaire au ministre succéda un long effarement. Les observations faites en marge de l'exposé en portent la trace : *l'ordre n'a pas été expédié*, écrit Chaban, — *remettre dans le travail pour en parler au ministre*, ajoute Rossignol ; et finalement, de Chaban encore : *en écrire au ministre* ; 18 *juillet* 1768.

Au surplus, il importe peu de savoir lequel eut définitivement gain de cause. Ce qu'il nous paraissait particulièrement intéressant de faire ressortir, c'était cette lutte d'influences de hauts personnages en faveur de deux Juifs. N'était-ce pas là un indice que, si, légalement, la « nation juive » n'était rien et ne comptait pour rien, on ne dédaignait pas tout à fait ses qualités, son caractère, son commerce?

C'est là une précieuse conclusion et une preuve nouvelle que les préventions contre les Juifs, loin d'être communément répandues, restaient — comme elles le furent de tous temps — l'œuvre de quelques-uns.

CHAPITRE VIII

PROSÉLYTISME ET AFFAIRES DE RELIGION

C'est un point de l'histoire juive indiscutable aujourd'hui que la haine contre les Juifs, les préjugés et les préventions ont été uniquement l'œuvre de l'Eglise. Nul n'ignore que, pendant les premiers siècles qui suivirent l'établissement du Christianisme en France, les Juifs et les Chrétiens vivaient dans des sentiments de mutuelle tolérance et de mutuelle estime (1) ; que les Chrétiens fréquentaient assidûment les Juifs, s'asseyaient à leur foyer, à leur table, à leur Synagogue même où, prenant part aux fêtes religieuses, les clercs se confondaient avec les Israélites pour entendre les offices divins Les évêques, les premiers, placèrent en deux camps bien tranchés les hommes des deux confessions et s'employèrent avec persévérance à fixer les premières barrières qui devaient les séparer les uns des autres ; les conciles, poussés par le désir de tracer une ligne de démarcation plus profonde entre la loi mosaïque et la loi du Christ (2), perfectionnèrent cet ouvrage inhumain ; et le fanatisme religieux, prêché par l'Eglise en ces temps de la Féodalité où elle régnait en maîtresse absolue, consomma l'œuvre de répulsion et de haine.

C'est la religion seule, on le voit, qui peu à peu conduisit le Moyen âge à élever cette épaisse muraille entre le Juif et le Chrétien (3). La haine du

---

(1) James Darmester. *Coup d'œil sur l'Histoire du peuple juif*, p. 189, 190 (Les Prophètes d'Israël. Paris, 1892).

(2) Anat. Leroy-Beaulieu, *Israël chez les Nations*, p. 128 (Paris 1893).

(3) *Ibid*.

peuple ne fut donc pas une de ces traditions populaires dont on pouvait invoquer la haute ancienneté, l'action séculaire ; elle était, a-t-on dit justement (1), artificielle, factice et tardive, comme la barrière même qu'on suréleva successivement pour isoler complètement les Juifs des païens convertis.

Lorsque cette haine, excitée avec un si cruel esprit de suite par les prêtres, ne put plus être contenue, elle s'échappa en des violences sauvages et meurtrières dont l'Eglise ne fut certes pas complice, mais qu'elle était impuissante à réprimer à temps Elle les réprima néanmoins. C'est là un des points les plus obscurs et les plus étranges de sa politique : elle protégea les Juifs contre les fureurs qu'elle déchaînait si imprudemment, comme si elle était entraînée elle-même plus loin qu'elle n'aurait voulu (2). Et, en effet, ce qu'elle veut, c'est non brûler le Juif, mais le convertir. Là est le grand œuvre. Là est la victoire de la doctrine chrétienne sur le Judaïsme. « Convertir des milliers de Sarrasins ou d'idolâtres n'est rien : mais convertir un Juif, faire reconnaître la légitimité de la foi nouvelle par l'héritier de la foi préparatoire, voilà le vrai triomphe, la vraie preuve, le témoignage suprême et irrécusable... (3). »

Cette politique était restée celle de l'Eglise au dix-huitième siècle. On pourrait dire même, à en juger par le nombre considérable d'ouvrages publiés alors, qu'elle eut un redoublement de vigueur. Ce n'était alors que *Dissertations sur le retour des Juifs à l'Eglise*, sur l'*Epoque assignée à leur conversion générale* et sur *leur rappel à la religion catholique*. Les Rondet, les d'Houbigant, les Deschamps, les Isaac de la Peyrère, les Be et et les Houteville, concouraien tous

<hr>

(1) James Darmesteter. *loc. cit.*

(2) Isidore Loeb. Revue des Etudes juives Tom. XXVII, n° 534.

(3) Darmesteter, *loc. cit.*

aux mêmes fins. Comme ce fanatique du dix-huitième
siècle (1), ils appelaient de tous leurs vœux le jour
prochain où, grâce à ce retour, les Juifs ne sentiraient
plus « le moisy ny le relant », et troqueraient la « cou-
leur noire et bazane de leur peau », effet naturel de
« l'injure du tems » et de « l'injure des hommes » —
contre un teint d'une blancheur égale aux ailes et à
la gorge d'un pigeon extrêmement blanc. Pour hâter
cet e époque bienheureuse, on ne parlait de rien
moins que de faire bâtir de nouveaux temples qui
seraient consacrés par l'Eglise à la conversion des
Juifs.

Mais cette renonciation en masse, pour si assuré
qu'on soit de l'avenir, pouvait subir des délais, et il
n'était pas mauvais qu'en attendant on cherchât à
ramener le plus grand nombre possible de Juifs au
« bercail de Jésus-Christ ». Le triomphe final n'en
serait que plus prompt. Aussi le zèle, qui poussait l'E-
glise à faire des prosélytes, ne diminua-t-il pas au dix-
huitième siècle. Loin de là. Toute âme de Juif quel qu'il
fût était bonne à sauver. La victoire était glorieuse
lorsqu'on avait pu pénétrer de la foi celui qui était
bien en vue, riche ou d'importance ; moins éclatante,
mais tout de même agréable au Christ, lorsque le
Juif était un de ces humbles ou de ces « vagabonds »
qu'on éprouvait quelque plaisir — plaisir tout religieux — à ramener des bas-fonds les plus troublés
à la surface de la société. Si avant qu'il pût être entré dans le mal, on ne dédaignait pas de l'entrepren-
dre, car c'était encore l'arracher à l'esprit même du
mal que de lui verser sur la tête les eaux du baptême.

Toutes les âmes religieuses, toutes « les personnes
d'une piété solide », se consacraient à ce dévotieux

----

(1) *Du Rappel des Juifs* (1643 s. l.)

ouvrage. Prêtres, abbés, vicaires, congrégations, bourgeois, s'y employaient avec ardeur. Nous avons vu même un mousquetaire joindre ses efforts à ceux du clergé pour ramener à l'Eglise des âmes égarées (1).

Deux établissements étaient particulièrement destinés à recueillir ceux qui voulaient embrasser la religion catholique. L'un, celui des Nouveaux Convertis, recevait les hommes. Il n'en coûtait rien pour y vivre. Il suffisait d'être présenté et d'avoir de bons certificats. Mais il ne jouissait pas d'une grande faveur auprès des Juifs de marque. Nathan de Morhange prétendait qu'on n'y mettait « que de la canaille et des valets ». Et de fait, le Juif Azulay, après y avoir été converti, fut chargé dans la maison des fonctions de cuisinier.

L'autre établissement, celui des Nouvelles Catholiques, était situé rue Ste-Anne. On y admettait les femmes hérétiques moyennant deux cents livres de pension que le Roi prenait à sa charge. Les Filles des Nouvelles Catholiques ne s'occupaient pas seulement du salut des Juives. Elles s'intéressaient aussi aux Juifs, à leurs sentiments religieux et secondaient leur conversion ; elles leur venaient en aide, payaient leurs dettes, s'interposaient pour obtenir leur liberté ou leur rappel, et cherchaient avec un soin délicat à éviter de trop rudes épreuves aux néo-chrétiens qui n'étaient pas assez affermis.

Le prosélytisme fut, dès le commencement du dix-huitième siècle, si actif, la propagande si ardente, que les aventuriers trouvèrent dans les faiblesses de l'Eglise un vaste champ d'action. Se faire passer pour Juif, aller de paroisse en paroisse solliciter le baptême, flatter le sentiment intime du prêtre en reconnaissant « l'erreur » de la religion mosaïque et la

____

(1) Voy. p. 24

supériorité de la doctrine chrétienne, profiter enfin
(et surtout) des bénéfices que procurait l'abjuration,
n'y avait-il pas là de quoi tenter les flibustiers qui
sont toujours à l'affût des défaillances ou des passions humaines ?

Maintes fois on fit ainsi « trafic de religion, d'abjuration et de sacremens » (1). Des « filles sans profession, sans métier ny domicile » demandaient leur
admission dans les maisons religieuses ou s'adres-
saient tour à tour aux différents curés de Paris, leur
faisaient entendre qu'elles voulaient se convertir, se
faisaient instruire des vérités de la religion chrétienne, couraient les prêches, abandonnaient, selon
l'heure, la religion catholique en laquelle elles étaient
nées pour se prétendre Juives, la loi juive (qu'elles ne
connaissaient point) pour le culte catholique, le
christianisme pour la religion protestante, se procla-
maient successivement juives, calvinistes, luthérien-
nes, et recevaient chaque fois la récompense de leur
nouvelle abjuration. Mais lorsque la vérité était
découverte, elles expiaient durement leur imposture
et leur impiété. C'est ainsi que, pour avoir « abusé du
Sacrement » Louise Lacour en 1722, Jamaille Gim-
pelle en 1727, Charlotte Assausse en 1730, et Judith
Ismael Lefeure en 1737, furent envoyées à l'Hôpital
« pour toujours ».

L'une de ces créatures eut particulièrement le don
d'émouvoir la police, la magistrature et l'Eglise. Cette
fille s'était approprié le nom de Mademoiselle de
Charmezan de Laviron, demoiselle d'assez grande
noblesse, et se faisait passer pour une religieuse sor-
tie de Clerval, en Franche-Comté ; mais cette usur-
pation cachant mal ses impostures, elle se prétendit
Juive, « quoiqu'elle ne le fût pas », et prit le nom de
Godchaux. Elle assurait être cousine de Michel Godchaux, marchand à Metz, et avoir à Bordeaux des

---

(1) *Les Juifs de Paris sous Louis XV*, loc. cit.

oncles « nommés Turin », qui reniaient toute parenté
avec elle « parce qu'elle avait quitté sa religion
juive ».

Disons tout de suite que tout cela était faux. En
réalité, elle était née dans la paroisse de Mesches en
Bourgogne, à 12 lieues de Besançon. Son père et sa
mère étaient de pauvres villageois, du nom peu judaïque de Navion. Elle avait dès sa première jeunesse
commis les plus insignes fourberies, fait tous les métiers, couru toutes les villes déguisée « en garçon », tour
à tour apothicaire, soldat, médecin, voleur de grand
chemin, embrassé toutes les religions, et trompé
curés, capucins, prêtres, abbesses, religieuses qui
se laissant prendre, les uns à son air de candeur, les
autres à sa grâce pénétrante, lui prodiguèrent les
plus grandes marques d'amitié.

« Débauchée, hypocrite, sacrilège, ravisseuse d'au-
mônes aux pauvres, usurpatrice d'un nom qu'elle flé-
trit, elle fait métier de jouer la religion et les hommes », disait un mémoire de police envoyé de Metz à
Paris. Il fallut arrêter « ce torrent de volupté et de
fourberie ». Elle fut mise à la Salpêtrière.

Ce qu'il y eut de particulièrement curieux en cette
affaire, c'est que chacun finit par être convaincu que
la Navion était juive. Malgré son acte de baptême,
malgré l'assertion du magistrat qu' « elle s'est dite
juive quoiqu'elle ne le fût pas », elle est « la juive »
pour M. Joly de Fleury, « la juive » pour l'intendant
de Bordeaux qui fit des recherches sur ses parents
supposés, et le nom de Godchaux lui reste définitivement attaché. Si bien que sept ans après, quand,
malade, elle se trouve à l'Hôtel-Dieu, le nom de Navion
a disparu, pour faire place uniquement à celui de
« A. Godchaux de Laviron, de Berlin, en Prusse ».
Elle est en effet nommée sur son écrou Marie Godchaux ou Laviron ; « mais — dit-on à la Salpêtrière
— Laviron est un nom qu'on lui a supposé et elle ne

se nomme que Anne Godchaux »!! D'Estiennot de
Vassy, « maître de l'Hôtel-Dieu », qui intervient pour
demander sa grâce, peut même dire sans qu'on le
démente qu' « elle était de la religion juive » !
qu' « elle a reçu le baptême à la Salpêtrière » ! et
qu' « elle est sincèrement convertie » !

Emu à son tour par les contes bleus que lui fit
cette dangereuse séductrice, il demanda à M. de
Marville la mise en liberté de « cette pauvre femme »,
qui lui avait assuré n'avoir été menée à la Salpêtrière
que parce qu' « elle s'était moquée de la religion ».
Et d'Estiennot de Vassy termine sa lettre par ce trait
qu'il ne pensait pas diriger contre une chrétienne :
« On ne peut attendre autre chose d'une juive que de
se moquer de notre religion. » Il lui semblait néanmoins, si elle n'était pas « accusée d'autre chose », que
la « pénitence » était « assez forte »; mais la grâce fut
refusée.

Un fait digne de remarque, c'est que ces actes d'im·
piété, si fréquents de la part du sexe féminin, furent
certainement très rares chez les hommes. Nous n'en
avons trouvé qu'un exemple dans les Archives de la
lieutenance générale. Le coquin, ici, était « un
nommé Coullot ou Callot » qui, « soit par mépris pour
la religion, dérision, misère ou autrement », abusa des
sacrements et les « prophana » Qui était-il ? d'où
venait-il ? à quelle religion appartenait-il ? Autant de
questions que se posa la police sans pouvoir les
résoudre. Ce prétendu Juif, qui assurait un jour s'appeler Israël et le lendemain Isaac, n'était connu
d'aucun Juif, et n'en connaissait que pour les avoir
fréquentés au café. Il se fit baptiser trois fois, et trois
fois reçut largement le prix de ses apostasies feintes.

Les Juifs ne commettaient pas de telles impiétés.
Si des nécessités impérieuses et passagères les

obligeaient parfois à accepter ou à demander le baptême, ils ne le faisaient que du bout des lèvres ; au moment d'abjurer le judaïsme, un suprême scrupule religieux les retenait ; les souvenirs d'enfance, la foi des ancêtres, leur affluaient au cœur en une lueur soudaine, pénétrante, et ils se dérobaient à l'ondoiement.

Tous n'avaient pas la désinvolture de Souza, ce Juif portugais que nous avons déjà rencontré sur notre chemin (1), ce brave guerrier qui, à lui seul, faisait la guerre à toute l'Angleterre. Appartenant à « la tribu de Juda dont le messie doit naître », il trouvait que ce sauveur tant promis était bien long à venir. Est-ce que le jour annoncé par saint Paul, où « les Juifs viendront à la connoissance de Jésus-Christ », ne serait pas là bientôt ? Il l'attendait avec impatience, cette heure bénie où il se convertirait « avec les autres ». Et dans sa confidence au magistrat, il ajoute avec un grand coup de son feutre à panache : « C'est ce que je souhaite, Monseigneur, arriver de vos jours ».

Mais ce n'étaient là que des mots. Pour beaucoup la tentation était forte de se soustraire par le baptême aux souffrances qu'ils enduraient, et la situation des Juifs de Paris était telle que tous n'eurent pas la force de résister à cette coupable séduction. La lutte pour la vie, ils la connaissaient déjà dans ce qu'elle avait de plus atroce, car au combat naturel contre la misère s'ajoutaient pour eux les dures batailles qu'ils avaient à soutenir contre le mépris, les préjugés et les lois. Ils offraient donc un terrain bien préparé aux entreprises du clergé. Et puis leurs ancêtres espagnols et portugais, courbant la tête sous l'orage, n'avaient-ils pas jadis renoncé en masse à la foi en leur Dieu pour embrasser le catholicisme ? Pourquoi

____

(1) Voyez *Les Juifs de Paris sous Louis XV*, p. 55 et suiv.

les fils ne suivraient-ils pas l'exemple laissé par leurs pères ? Ils ne songeaient pas, ces enfants déjà dégénérés, que les temps n'étaient plus en France où la religion fanatisait assez les hommes pour qu'on fît brûler ou massacrer ces « chiens de Juifs », et que bien différente était la lutte contre la mort de la lutte pour les besoins de la vie.

Des Juifs de Paris qui allèrent au christianisme, les uns ne virent là qu'un moyen d'améliorer leur sort, les autres, cédant à des suggestions pressantes, un moyen de vaincre les préjugés et de s'imposer à une société qui, dans son ensemble, les rejetait loin d'elle.

Ils se trompaient tous : le baptême ne changeait rien à leur destinée. Il pouvait leur donner des satisfactions présentes, et par les sentiments d'orgueil qu'il leur procurait les abuser sur l'étendue des joies futures en ce monde. Charles-Philippe Cahen, tenu en 1722 sur les fonts baptismaux par le Régent et par Madame, dut faire les plus doux rêves d'avenir ; le monde, en 1723, n'était certes pas trop grand pour Louis Lévy qui eut le Roi pour parrain et Mme de Ventadour pour marraine ; et enfin, lorsque au mois de janvier 1726 on baptisa, dans la paroisse de Saint-Jacques du Haut-Pas, « un Juif d'environ trente ans » qu'on disait « être un homme d'érudition », son âme fut certes agitée de sentiments divers où dominaient les rayonnantes espérances que le Judaïsme n'avait pu lui donner. Etre béni par M. l'évêque de Rhodes, être assisté de M. l'abbé de Pontchartrin et d' « une damoiselle de qualité » ! Que de joies pieuses devait procurer un tel honneur !

Mais la réalité répondait mal à ces espoirs trompeurs. Nous avons trouvé, dans une brochure qui parut en 1722 sous le nom de *R Ismaël ben Abraham, Juif converti*, ces deux phrases qui peignaient bien l'état des esprits à cette époque : « Les Français souffrent lorsqu'ils entendent parler d'un Juif, ils se défient du Juif converti comme des autres » ; et plus loin : « Celui même qui s'est fait baptiser trouve difficilement accès parmi le peuple, on l'y regarde toujours d'un œil dédaigneux, on le fuit toujours... » Les Juifs de Paris en éprouvèrent la vérité. Pour la police, comme pour ceux avec lesquels ils étaient en contestation, leur origine restait comme un stigmate que leur abjuration n'avait pu effacer. Qu'ils fussent convertis depuis des semaines, des mois ou des années, si on n'accompagnait plus leur nom du mot « Juif », on y accolait la qualification de « ci-devant Juif », qui perpétuait bien au-delà de la conversion les préjugés auxquels par cet acte ils avaient tenté de se soustraire. C'était bien pire encore lorsqu'ils n'avaient eu recours à l'ondoiement que pour se laver d'inculpations graves : reniés par leurs frères qui ne leur pardonnaient pas cette apostasie, ils étaient repoussés à la fois « des catholiques comme de leur première nation ».

Néanmoins, habitués à toutes les injures, ce n'était pas une avanie de plus qui pouvait les arrêter dans leurs desseins. Et puis l'orgueil humain est si grand que chacun s'imagine être au-dessus des faiblesses d'autrui et prétend vaincre là où son voisin a succombé. Les Juifs ne se laissaient donc pas détourner de leur but par des difficultés de ce genre. Cela est si vrai que de 1718 à 1772 on n'en compte pas moins d'une quarantaine, d'après les Archives de la lieutenance générale, à qui « Dieu fit la grâce de conoître Jésus-Christ ». Mais, néophytes de circonstance, ils le connurent plus ou moins intimement, et mirent dans leurs rapports avec Lui une ferveur plus ou moins sincère.

A quel sentiment cédèrent-ils les uns ou les autres? Tout dépendait du moment et de la cause. Tels, comme Isaac Fonsèche, de Bayonne, et Cavan Mustapha, Juif de Messine, se faisaient admettre aux Nouveaux convertis, et instruire « des vérités de la religion catholique », parce qu'ils étaient « sans métier ny profession pour les faire subsister » ; tels autres, comme Léon Olry Spir Lévy et Cerf de Morhange, qui « avoient plusieurs capitaines sur le corps », demandaient le baptême pour obtenir « un congé ». Ici c'était un Juif qui, n'ayant pu obtenir la permission de rester à Paris, se faisait baptiser pour pouvoir se passer d cette autorisation. Là c'en était un autre qui, détenu pour défaut de passeport, était relâché pour être mieux à même de faire abjuration; enfin c'était MM. d'Arniche et d'Albuche qui, pour avoir un sauf-conduit, faisaient valoir qu'ils mettaient « à profit » leur détention au Temp'e « pour s'instruire des vérités de la religion chrétienne, pour laquelle ils étaient portés d'affection depuis plusieurs années ». Quel plus noble usage pouvaient-ils faire de leur retraite?

Telles étaient quelques-unes des raisons alléguées par les Juifs pour gagner « la grâce de la dévotion et la vertu des sacremens ».

Ils trouvaient, il est juste de le dire, un accueil si empressé auprès des ecclésiastiques, les prêtres étaient si peu difficiles sur le choix des catéchumènes, qu'on s'explique fort bien que les Juifs de cette époque se soient fait un tremplin de l'abjuration. Quand on demande à des hommes, dont le dernier, le plus sûr abri contre les persécutions de toutes sortes est le culte des ancêtres, de sacrifier à une autre religion la religion sainte, celle en laquelle ils ont mis toute leur force, toute leur confiance, on doit s'attendre à ce qu'ils cèdent, en renonçant à leur foi, plutôt à une nécessité du moment qu'à une conviction de leur être. Qui donc en tout cas pouvait s'en indigner?

Les prêtres gémissaient de ces trompeuses conversions ; ils ne se lassaient pas de les provoquer. Ceux qui doutaient de la sincérité de Morhange étaient les premiers à le presser de faire sa soumission à l'Eglise. On savait que Salomon Lévy « n'avait point envie de se faire catholique, mais qu'il avait ses vues et ses raisons pour le dire » ; l'abbé Couette, son catéchiste, pestant, jurant, déclarait « qu'il ne se mesleroit plus de Juifs » et que « s'il lui en tomboit quelqu'un entre les mains », eh bien !... il en parlerait à M. Langlade avant de commencer à l'instruire ! M Le Py, directeur des Nouveaux catholiques, ne montrait pas moins d'opiniâtreté. « Il n'y a plus, grâce à Dieu, aucun Juif chez nous, disait-il en 1728, et je souhaite qu'il n'en vienne de longtems ». Et il préparait néanmoins au baptême, quelques mois après, un Juif du nom de Birié, qui, au bout de peu de jours, gagnait La Haye où il épousait une Juive.

On peut d'ailleurs douter de la sincérité de ce vœu quand on voit que l'Eglise allait chercher jusqu'au pied du gibet le gage de ses conquêtes religieuses et, à condition de conversion, arracher à la mort infamante deux Juifs, qui ne firent point de façons pour accepter cette offre inespérée.

Ces catéchumènes en effet n'étaient pas de ceux dont on avait le droit d'être fier. Arrivés à ce degré d'abaissement moral, que leur importait Moïse ou Jésus-Christ ? Le Diable même leur aurait tendu le bénitier qu'ils y auraient trempé les doigts, sans scrupule. Leur âme s'ouvrait à toutes les croyances, mais surtout à celle qui leur promettait vie sauve et liberté.

Malgré cela l'Eglise, qui se rendait compte que le « judaïsme, religion mâle, avant tout soucieuse de l'homme », lui accordait la prééminence sur la femme, s'attachait de préférence à obtenir l'abjuration du Juif. Ses plus sérieux efforts se portaient de ce côté, comme si l'adhésion de l'homme au catholicisme devait doubler le prix de la victoire. Il n'en faut pas déduire toutefois que l'Eglise dédaignait l'abjuration des Juives. La facilité avec laquelle elle accueillait, on l'a vu, les intrigantes sans religion et sans foi, prouvait qu'elle faisait grand cas de la soumission de la femme juive aux lois du Sauveur. L'Institution des Filles des Nouvelles Catholiques n'avait-elle pas été uniquement créée pour « ces âmes rachetées du sang de Jésus-Christ » ?

Il n'en est pas moins vrai que, d'après les Archives de la lieutenance générale de Police, la femme juive figure peu sur le bulletin des pieuses conquêtes que fit en Israël la Doctrine de Jésus.

Seules, deux femmes sont mentionnées dans la longue nomenclature de ceux qui « tendirent la tête aux eaux du baptême ». L'une d'elles toutefois ne fut pas un sujet d'orgueil pour celui qui l'avait entreprise.

« Manon, f^e Louis Lévy », juive de Hollande, avait en 1734 « fait profession de catholicité » sur les exhortations du curé de St-Eustache, et « sur les Charités de S. A. S. Mgr le Duc d'Orléans ». Mise en pension avec son mari chez un « Md maître tapissier à Paris » pour qu'ils puissent tous deux y apprendre son métier, Manon n'y voulut rien faire, empêcha Lévy de travailler, et y fit tels « excez et horribilitez » qu'il fallut l'enfermer à l'Hôpital.

Tout autre fut Angélique Schouabe, quand elle se décida à se jeter dans les bras de l'Eglise. Mais c'est ici un cœur de jeune fille qui bat, se mutinant contre la volonté paternelle, poussant le sentiment de révolte jusqu'à rompre pour toujours les liens les plus sacrés. Tendresse, respect, religion, un amour sacrilège a tout brisé.

Angélique Schouabe avait dix-huit ans. C'était, au dire de Langlade, une demoiselle « très raisonnable, assez gracieuse de figure » et dont l'on rendait « un bon témoignage ». Son père, Ruben Schouabe, banquier juif de Metz, avait une situation assez brillante pour qu'Angélique pût prétendre dans l'avenir à vingt-cinq mille livres de patrimoine « au moins ». Tout devait donc contribuer à la rendre heureuse, satisfaite de son sort, quand, dans le plus grand mystère, elle résolut d'embrasser la religion chrétienne. Elle y avait été attirée d'abord, disait-elle, par les « discours » que « différents catholiques » et « même des prêtres » avaient tenus devant elle, et poussée définitivement dans cette voie par les vérités éclatantes que M Valerot, vicaire de la paroisse de St-Jean, chargé de son éducation religieuse, avait fait briller à ses yeux Elle suppliait qu'on la mît dans une communauté et — comme en quittant « père, mère, frère, sœur, toute la famille », elle abandonnait son bien — que le Roi lui fît « une pension viagère et seure, capable de la faire subsister après sa conversion ».

Mais on découvrit bientôt que le mobile de sa conversion n'était pas aussi pur qu'elle l'assurait : il n'avait rien du moins qui ne rendît cette « entreprise généreuse et louable ». La reconnaissance de « l'erreur judaïque » n'était pour rien en effet dans ce grave renoncement ; seul le cœur d'Angélique était en jeu. Ses parents voulaient la marier à un « Juif anglais » qu'ils attendaient « de jour en jour » ; mais cette union faisait son désespoir ; c'était un « malheur » qu'elle ne pouvait supporter, et s'il arrivait, « elle serait perdue pour toujours ». Et avec de grosses larmes, elle implora la protection du magistrat et le supplia de la « préserver de ce malheur ».

Le lieutenant général de Police, que des aventures de ce genre ne pouvaient plus surprendre, fut néanmoins touché de la désolation de cette enfant, de sa détermination désespérée. Elle lui inspira d'autant plus d'intérêt qu'en réalité Angélique ne fuyait le « Juif Anglais » que parce qu'elle soupirait pour « un catholique » qui ne la voulait épouser qu'elle ne fût baptisée.

Mais était-elle bien ferme en son dessein ? Ne cédait-elle pas à un coup de tête ? et, une fois engagée dans cette voie, n'allait-elle pas, prise de remords, rebrousser chemin ? Pour se prémunir contre une perfidie de ce genre, on lui fit signer un engagement en bonne forme qu'elle parapha en hébreu et en français : « Je, soussigne, ay de ma pure et propre volonté, sans y estre contrainte par aucune vuë humaine, mais par un vray désir d'embrasser la Religion Chrétienne, fait à ce sujet présenter un placet à Monsieur le lieutenant général de Police, en foy de quoy j'ay signé la présente protestation pour y estre attachée, fait à Paris le 29 septembre 1729.

Angelique Schouabe ».

Le magistrat, dès lors bien convaincu, obtint de Louis XV un ordre d'admission au Couvent des Nouvelles Catholiques. Il était adressé à la supérieure :

DE PAR LE ROY

« CHERE ET BIEN AMÉE, Nous vous mandons et ordonnons de recevoir dans votre maison la D^{lle} Angélique Schouabe et de l'y garder jusqu'à nouvel ordre pour y estre instruite des vérités de la religion moyennant la pension que nous vous y ferons paier, si n'y faites faute. Car tel est notre plaisir. Donné à Versailles le 3 novembre 1729. Signé : Louis et (plus bas) Phelyppeaux.

Angélique Schouabe donna à ces saintes filles des gages sérieux de sa fidélité à la foi nouvelle. Elle montra « les dispositions les plus ferventes ». Lorsque trois ans après, « la maison étant très petite » et « toute remplie », il fallut « songer a un débouché » pour « faire place à trois personnes arrivantes », la supérieure fit entrer Angélique dans un autre couvent : « quoique née Juive » elle était devenue « très bonne chrétienne » ; on n'avait qu'à se louer de sa conduite « très douce », et justement parce qu'elle était « moins à charge que beaucoup d'autres », elle serait « plus recevable dans une autre maison ».

Nous ne savons si cette longue séparation ne fut pas funeste aux tendres aspirations d'Angélique ou ne détacha pas d'elle celui qu'elle rêvait d'épouser. Le dossier est muet sur la fin de ce triste roman ; muet aussi sur le cruel effet que cet événement dut produire sur Ruben Schouabe. Les Juifs de cette époque, prêts aux pires souffrances, sentaient bien que nul ne compatirait à cette douleur, la plus poignante de toutes. A quoi bon une protestation qu'eût tout de suite étouffée un Ordre du Roy ?

Les Juifs le savaient si bien, que quelque humiliation qu'on leur infligeât, ils n'osaient élever la voix. D'ailleurs le moindre « murmure » était sur-le-champ réprimé. En 1724, le rapport étrange et bref que voici était transmis au lieutenant général : « Il se brasse quelque chose entre les Juifs de la rue Beaubourg à cause de leurs tombes qui ont été cassées. Ils murmurent à ce sujet. Vous aurez la bonté de vous en faire informer par vos officiers, attendu que je suis trop connu dans le quartier ». Une enquête fut faite immédiatement et l'on reconnut que « le prétendu murmure des Juifs à cause du changement de leurs sépultures » était « sans fondement ». Quel est l'événement auquel cette note mystérieuse fait allusion ? C'est ce qu'il nous a été impossible de découvrir (1).

Ainsi rien de ce qui leur appartenait n'était à eux. Troublés dans leurs sentiments les plus chers, dans les objets les plus inviolables, fortune, liberté, restes sacrés, religion, enfants, tout leur était ravi sans qu'ils eussent le droit de gémir ou de se plaindre.

Si vibrant que fût l'appel du Juif à la justice et à l'humanité, ce cri retombait dans le silence, et le misérable devait supporter avec sa douloureuse résignation habituelle qu'on pillât ses synagogues, qu'on cassât ses tombes, qu'on lui prît ses enfants — la chair de sa chair — qu'on les séparât de lui pour toujours, qu'ils lui devinssent étrangers et que, vivants, ils fussent à jamais morts pour lui.

C'est dans ces circonstances surtout qu'on se prend à professer quelque indulgence pour les Juifs qui se jouaient des entreprises pressantes dont ils étaient l'objet de la part de prêtres. Quelque sévérité qu'on y veuille mettre, peut-on considérer d'un œil irrité ceux qui, témoins de la volonté inflexible de l'Église et de son âpre rigueur dans le prosélytisme, vengeaient par leur sceptique indifférence les malheureuses victimes du fanatisme chrétien ?

Qui voudrait par exemple tenir rigueur à Miguel de Fonseca pour l'élastique souplesse avec laquelle il se faisait à toutes les religions ? Juif, il se fit catholique ; catholique, il épousa une protestante anglaise ; et comme le mariage avait eu lieu, le jour de la Fête-Dieu, à l'ambassade d'Angleterre, on prétendait que Dom Miguel de Fonseca « ne pouvait avoir été marié dans ce presche que comme luthérien ou

***

(1) Voy. au sujet des cimetières : Le Comité de Bienfaisance et les Cimetières (Paris 1886).

calviniste » ! Alors quoi ! Juif ? Protestant ? Chrétien ?
Mais, s'écriait Langlade indigné, de toutes ces religions il n'en professe aucune ! Et ce qui eut le don
de mettre le comble à l'ahurissement de tous, c'est,
au dire de Langlade, qu'il n'était pas le vrai Miguel
de Fonseca, et que nom, billet de confession, certificat de bonne catholicité, il avait tout « surpris par
adresse » à « un particulier étranger ». Mais rien
n'était plus faux que cette assertion, car le 24 octobre 1730, un M. Bessin de Bonnard le recomman-
dait chaleureusement de Soleure au magistrat comme
le « frère de M. le docteur Daniel de Fonséca, médec-
cin des ambassadeurs de France à Constantinople ».
—Celui-ci était un homme « d'un mérite fort au-dessus de sa profession », et très avantageusement
connu de Mgr le Cardinal de Fleury comme de M. le
garde des sceaux.

On comprend combien ces incidents religieux
étaient de nature à envenimer les rapports de l'E-
glise et des Juifs ; ils étaient une cause perpétuelle
de haine chez l'une, de farouche ressentiment chez
les autres. Les Juifs sentaient en elle une implaca-
ble ennemie, mais une ennemie à ménager, et devant laquelle il leur fallait faire céder leur faiblesse
à sa force, quittes à prendre, à l'heure propice, une
revanche des humiliations subies.
Cette occasion se présenta en 1777 pour l'un d'eux,
Liefmann Calmer, « Juif opulent » qui, de 1770 à 1780,
fut mêlé si activement à l'établissement d'un cime-
tière pour les Juifs de Paris (1). Il venait d'acheter
de la succession du duc de Chaulnes les Baronnie de
Picquigny et vicomté d'Amiens, et à cette seigneurie
était attaché le droit de conférer les bénéfices ecclésiastiques fondés par les anciens propriétaires. Le

___

(1). Voy. *Les Institutions de Bienfaisance et les Cimetières*,
Léon Kahn. Paris 1886.

Juif Calmer, le « vidame circoncis » (1) pouvait-il
exercer cette prérogative ? L'Eglise s'y opposa de toutes ses forces, mais le Parlement, par un décret du
21 juillet 1777, la lui reconnut formellement. Cet arrêt,
on le pense bien, fut attaqué avec fureur. Linguet le
combattit dans ses *Annales*, et il y employa non
seulement les armes subtiles du jurisconsulte, mais
les traits venimeux qu'inspiraient les préjugés contre
les Juifs. Comment ! disait-il, on venait de refuser très
justement d'agréger les Juifs au Corps des marchands,
et on les incorporerait à celui de la Noblesse! On don-
nerait le droit de pourvoir l'Eglise de ministres à
ceux qu'on n'a pas jugés dignes de fournir les bourgeois d'étoffes ! Et il trouvait cela d'autant plus ré-
vo tant que « l'habitude, la religion, la politique, la
raison peut-être, ou du moins un instinct justifié
par bien des raisons, nous forcent d'attacher au nom
de Juif autant de mépris que d'aversion ».

La religion ! On remarquera avec quelle fréquence
ce mot revient dans tous les arguments qu'on invo-
quait pour expliquer la haine contre les Juifs. C'était
bien à elle surtout qu'il fallait attribuer les tourments qui leur étaient infligés. « Habitude », « politique », « raison », ou « instinct », tout cela n'é-
tait que la conséquence des lois rigoureuses édic-
tées par l'Eglise pour abaisser si profondément les
Juifs qu'ils ne pussent jamais redresser la tête devant le culte né de leur culte.

---

(1) Linguet. *Annales politiques.* T. 2, p. 99 (Londres, 1777).

CHAPITRE IX

CONCLUSION

La police trouvait donc en l'Eglise une alliée naturelle pour maintenir les Juifs dans leur position humiliante, et ne faire fléchir les règ'ements qu'en faveur de ceux qui reconnaissaient la supériorité de la foi catholique. Bien qu'on ait pu dire que l'extinction de l'idée chrétienne fut une des caractéristiques du xviiie siècle, il n'en est pas moins vrai que, factice ou non, le sentiment religieux subsistait très vif et qu'il s'exerçait très activement par rapport à « la nation juive ». Si les Juifs pouvaient espérer voir les préjugés, les préventions, les répugnances diminuer d'intensité à leur égard, ce n'était qu'en demandant le baptême. Tout Juif qui, demeuré Juif, avait le prétentieux courage d'aspirer au titre de citoyen, se voyait outrageusement repoussé, et tout de suite se dressaient devant lui les règlements hostiles, le fanatisme religieux, les aversions séculaires, les jalousies de métiers, les haines de police... La lutte était inégale, et le Juif ne pouvait qu'y succomber.

Pour ne pas heurter de front ces inimitiés formidables qui l'eussent broyé, il devait recourir à toutes sortes d'artifices qui, seuls, pouvaient le mener au but honorable qu'il voulait atteindre. Pour résider à Paris, non comme un étranger ou comme un vagabond, mais comme un régnicole ; pour faire le négoce, aborder les métiers interdits, quitter pour de plus nobles ces professions louches qui lui restaient attachées aux épaules, nouvelle tunique de

Nessus ; pour ne plus être enfin l'être sans sexe et sans vie qu'en voulaient faire l'Eglise et la police, il n'avait qu'un moyen : tromper la police et l'Eglise, lutter d'habileté avec les commerçants et leurs corporations, jouer au plus fin avec qui le dominait par l'autorité et la puissance. Voilà ce qui faisait dire des Juifs qu'ils étaient des gens sans aveu et sans foi.

Que demandaient-ils, au surplus ? A cette époque ils ne pensent guère à la liberté large et absolue. Ils se sentent trop méprisés, trop avilis, pour concevoir une si haute espérance. Et même, lorsque le peuple, presque subitement maître de ses destinées, songera à les faire bénéficier de la liberté si glorieusement conquise, plusieurs parmi eux resteront indécis, craintifs, comme s'ils se jugeaient indignes de voir pour eux se lever la rayonnante aurore de l'affranchissement, de l'émancipation.

C'est qu'à ce moment, comme à l'heure qui nous occupe, ils n'aspirent qu'à une chose : vivre à Paris pour y pouvoir déve'opper leur activité au travail, leur intelligence aux affaires ; tolérés seulement, soit ! mais admis à vivre en toute sécurité. Tous leurs efforts tendent vers ce but « Il y a un milieu entre voler et assassiner les gens, et les faire asseoir à sa table. disait Linguet dans une de ses poussées de libéralisme équivoque Un Protestant, un Turc, un Guèbre, un Juif, doit partout vivre tranquille, tant qu'il y reste paisible. La police ne doit pas même s'informer si, dans sa maison, il chante des psaumes en mauvais français, ou en allemand, ou en anglais ; s'il fait ses ablutions en se tournant vers la Mecque ; s'il adore le feu ; s'il met son mouchoir sur son chapeau et chante du chaldéen en faisant des grimaces. Dès que sa porte est fermée, et que l'ordre public n'est troublé par aucune de ces farces qui nourrissent sa piété, il faut respecter son erreur et son secret... » Mais la police ne comprenait rien à ces subtilités :

les Juifs, pour elle, étaient nuisibles à la société et elle trouvait naturel de les supprimer.

Peu à peu cependant, grand nombre d'entre eux dépouillent le Juif du Ghetto, le réprouvé de la juiverie repoussante Ils tâchent de franchir l'abîme qui les sépare si profondément de la société. Contre toute défense, ils ne se cantonnent plus dans les besognes viles qu'on leur abandonnait dédaigneusement pour les mieux mépriser. Leurs mœurs commerciales s'élèvent, de même que leur maintien s'affine. Tout signe particulier qui servait à les désigner ignominieusement a disparu ; la police regrette qu'ils ne portent «aucune marque», car il lui est impossible de reconnaître les Juifs lorsqu'ils ne vivent point avec les Juifs : ils se défont du costume qui leur attirait injures et quolibets ; il gagnent en belles manières ; leur caractère séduisant les fait bien venir des uns ou des autres ; ils s'assimilent les façons élégantes des Grands, qui les accueillent et les protègent. La chenille devient papillon.

Est-ce à dire que cette poignée de Juifs, dont les allées et venues prirent au yeux de la police les proportions d'une affaire d'État, fut à l abri de tout reproche et qu'on n'y compta que des gens honnêtes et disposés au bien ? Ce n'est pas notre pensée. Il n'est pas entré dans notre intention d'exalter les Juifs de cette époque, ni de leur attribuer toutes les qualités, toutes les vertus. On a pu voir d'ailleurs que, dans cette suite nécessaire de biographies, nous avons mis en évidence les mauvais comme les bons. Peut-être avons-nous, avec la meilleure foi du monde, fait parfois pencher la balance en leur faveur ? C'est possible. Mais nous aurions manqué à notre devoir si, disant nettement les accusations dont ils étaient l'objet ou les mauvaises actions qu'on leur imputait, nous n'avions dit en même temps les causes qui pouvaient, sinon les justifier toujours. du moins les expliquer et les excuser.

L'une de ces causes ne saurait être contestée. Les Juifs vivaient en Allemagne, en Angleterre, en Pologne, sous des lois oppressives et infamantes ; dans d'autres pays, ils étaient pressés les uns contre les autres, parqués, manquant d'air et de lumière. Ils sentaient instinctivement que notre généreux pays de France, bien que placé sous une autorité arbitraire et despotique, était le seul ou à peu près dans lequel ils pouvaient, sans nuire à l'Etat, lui profitant au contraire, développer le génie de leur «race». C'est donc vers cette « patrie retrouvée » qu'ils tendaient les bras, et plus particulièrement vers Paris où, malgré l'ombre qui avait voilé parfois sa réputation d'hospitalité et de libéralisme, l'Idée, le Progrès, la Tolérance, brillaient de leurs feux les plus vifs.

Que, parmi les Juifs accueillis dans la capitale, il s'en soit glissé dont la conduite et la moralité aient été douteuses, nul ne pense à le nier. Mais si l'on songe à l'effroyable dérèglement des mœurs de ce siècle, à la course furieuse de tous vers la richesse, à l'indifférence des moyens employés pour y parvenir, à la destruction de tout sentiment de loyauté, d'honneur et de famille, on peut demander pourquoi on aurait exigé du peuple Juif des vertus que l'on ne trouvait nulle part.

Bien plus On peut demander où le Juif aurait puisé ces notions sur la morale et sur l'honneur ? Etait-ce dans le Ghetto où on le tenait renfermé comme le rebut du genre humain, où il était traité comme une bête dangereuse et malfaisante et où l'on ne sait ce qu'il y avait de plus douloureux, de sa vie materielle ou de son état moral ? Etait-ce hors de la juiverie fangeuse, qu'il fuyait avide de soleil et d'air pur, et dont il avait à peine franchi le seuil que, sentant lourdement peser sur lui le mépris et l'aversion, il suivait son chemin, la tête basse, courbé en deux, « homme immonde, homme d'outrage sur lequel tout le monde crache » ? Qui pourrait s'étonner que, injuriés, battus, vilipendés, honnis, inconscients du mal et du bien après quelques années de cette existence déprimante, les moins énergiques aient succombé à l'humaine tentation de vivre dans le mal ?

Car en dépit de tout, des redevances, des contributions, des impôts, des charges écrasantes, des lois et de la haine, il fallait vivre ; vivre pour soi, pour la femme, pour les enfants hâves, chétifs et déjà marqués pour la flétrissure et le malheur. On a vu quelle existence fut faite aux Juifs de Paris. Par quelle fatalité, a-t-on dit, verrait-on châtier les vagabonds et forcer des hommes à le devenir ? On a peine à croire qu'on ait pu, en un pays quelconque, user d'un tel procédé : en est-il aucun qui soit plus criminel, plus contraire aux lois de l'humanité et de la justice ? C'était cependant la dure alternative dans laquelle les Juifs de Paris é aient placés. S'ils ont pu y échapper, ce n'est pas, il faut le dire, à la bienveillance ou à la tolérante fraternité qu'ils l'ont dû, mais à leur propre volonté, à leur énergie personnelle.

Aussi, avant de fermer ce livre dont les pages sont — nous devons le répéter — toutes tirées des cartons de la police (1) et dont les épisodes sont la paraphrase des rapports de police, on jugera s'ils n'avaient pas quelque mérite, ces Juifs, à vaincre d'aussi grands obstacles ; à travailler sans relâche, malgré tant de

---

(1) La récente publication par M. Fr. Funck-Brentano de la TABLE GÉNÉRALE DES ARCHIVES DE LA BASTILLE (Plon et Nourrit, Paris 1894), nous dispense de donner la nomenclature des dossiers que l'actif et distingué bibliothécaire de l'Arsenal a si obligeamment mis à notre disposition pour cette étude. Ce catalogue a été, en effet, dressé avec tant de soin et de méthode qu'on y trouvera facilement aux lettres alphabétiques qui les concernent et particulièrement à l'article JUIFS, la cote de tous les dossiers se rapportant à cette histoire des Juifs de Paris au xviiie siècle. Nous ne pouvons donc qu'engager le lecteur à s'y reporter, au besoin.

8.

difficultés opiniâtrement suscitées, et, par leurs efforts
persévérants, à vivre dans cette « patrie retrouvée »
d'où on voulait les arracher, qu'ils aimaient avec
passion, et où ils devaient se montrer bientôt les fils
aussi ardents que dévoués de la Révolution.

TABLE

—

CHAPITRE II

LES INSPECTEURS DE POLICE ET LA SITUATION DES JUIFS A PARIS

CHAPITRE III

VIE ET MŒURS DES JUIFS

CHAPITRE IV

MŒURS DU TEMPS

CHAPITRE V

LES PROFESSIONS DES JUIFS.

CHAPITRE VI

LES JUIFS EN PRISON. — LEUR HONORABILITÉ

CHAPITRE VII

CHAPITRE VIII

CHAPITRE IX

FIN

Paris. — Imp. Alcan Lévy, 24, rue Chauchat.